企业竞争模拟教程：
沙盘模拟理论与实训

主 编　张予川
副主编　周 明 李 力 孙青云

WUHAN UNIVERSITY PRESS
武汉大学出版社

图书在版编目(CIP)数据

企业竞争模拟教程:沙盘模拟理论与实训/张予川主编.—武汉:武汉大学出版社,2022.8
　　ISBN 978-7-307-23095-8

　　Ⅰ.企…　Ⅱ.张…　Ⅲ.企业管理—计算机管理系统—教材
Ⅳ.F272.7

　　中国版本图书馆 CIP 数据核字(2022)第 082792 号

责任编辑:喻　叶　　　责任校对:汪欣怡　　　版式设计:马　佳

出版发行:**武汉大学出版社**　　(430072　武昌　珞珈山)
　　　　　(电子邮箱:cbs22@whu.edu.cn　网址:www.wdp.com.cn)
印刷:武汉图物印刷有限公司
开本:720×1000　1/16　印张:13　字数:211 千字　插页:1
版次:2022 年 8 月第 1 版　　2022 年 8 月第 1 次印刷
ISBN 978-7-307-23095-8　　定价:45.00 元

目　　录

第 1 章　绪论 ··· 1

1.1　实验目的和意义 ·· 1

1.2　实验教学安排 ··· 1

1.2.1　阶段一：实验准备 ·· 1

1.2.2　阶段二：沙盘模拟游戏规则 ······················· 2

1.2.3　阶段三：沙盘实战对抗阶段 ······················· 2

1.2.4　阶段四：实训总结 ·· 2

第一部分　理　　论

第 2 章　沙盘模拟相关理论 ··· 7

2.1　沙盘模拟起源 ··· 7

2.2　ERP 原理 ··· 8

2.2.1　ERP 的概念 ·· 8

2.2.2　发展阶段 ··· 8

2.3　企业战略管理 ··· 14

2.3.1　企业战略管理定义 ·· 14

2.3.2　企业战略管理特点 ·· 14

2.3.3　企业战略管理要素 ·· 15

2.3.4　企业战略管理过程 ·· 16

2.3.5　实用战略管理的分析工具 ······························ 17

2.4　企业财务管理 ··· 27

2.4.1 概念及特点 ………………………………………… 27

2.4.2 财务管理的目标 …………………………………… 28

2.4.3 筹资管理 ……………………………………………… 32

2.4.4 流动资产管理 ………………………………………… 34

2.4.5 销售收入与利润管理 ………………………………… 44

2.5 生产运作管理 ……………………………………………… 50

2.5.1 概述 …………………………………………………… 50

2.5.2 生产运作的分类 ……………………………………… 50

2.5.3 新产品设计与开发 …………………………………… 53

2.5.4 生产计划 ……………………………………………… 58

2.5.5 供应链管理 …………………………………………… 60

2.5.6 生产运作管理新模式 ………………………………… 66

2.6 竞争情报分析 ……………………………………………… 71

2.6.1 竞争情报 ……………………………………………… 71

2.6.2 竞争情报系统 ………………………………………… 73

第二部分　实　　战

第3章　沙盘模拟实战演练 ………………………………………… 79

3.1 模拟企业概况 ……………………………………………… 79

3.1.1 企业经营状况 ………………………………………… 79

3.1.2 市场分析 ……………………………………………… 79

3.1.3 市场预测 ……………………………………………… 81

3.2 模拟竞争规则 ……………………………………………… 85

3.2.1 市场开拓规则 ………………………………………… 85

3.2.2 产品研发以及 ISO 认证规则 ………………………… 86

3.2.3 贷款以及贴现规则 …………………………………… 87

3.2.4 原材料采购规则 ……………………………………… 88

3.2.5 生产线安装及改造规则 ……………………………… 90

3.2.6　厂房购买及租用规则 ……………………………………………… 90

3.2.7　生产管理规则 ………………………………………………………… 91

3.2.8　广告投入规则 ………………………………………………………… 92

3.2.9　订单争取和交货规则 ………………………………………………… 93

3.2.10　费用支出与税金规则 ………………………………………………… 95

3.2.11　取整与破产规则 ……………………………………………………… 95

3.2.12　其他规则 ……………………………………………………………… 95

3.3　初始状态的设定 ……………………………………………………………… 96

3.3.1　生产中心设定 …………………………………………………………… 96

3.3.2　物流中心设定 …………………………………………………………… 96

3.3.3　财务中心设定 …………………………………………………………… 97

3.3.4　营销与规划中心设定 …………………………………………………… 97

3.4　企业运营练习 ………………………………………………………………… 97

3.4.1　起始年运行 ……………………………………………………………… 98

3.4.2　第一年运行 ……………………………………………………………… 107

3.4.3　第二年运行 ……………………………………………………………… 107

3.4.4　第三年运行 ……………………………………………………………… 108

3.4.5　第四年运行 ……………………………………………………………… 108

3.4.6　第五年运行 ……………………………………………………………… 108

3.4.7　第六年运行 ……………………………………………………………… 108

3.4.8　第七年运行 ……………………………………………………………… 109

第4章　实验工具的使用 …………………………………………………………… 110

4.1　Excel 模型的开发和使用 …………………………………………………… 110

4.1.1　Excel 的基本使用技巧 ………………………………………………… 110

4.1.2　函数、公式与宏的使用 ………………………………………………… 111

4.1.3　Excel 财务分析 ………………………………………………………… 112

4.1.4　Excel 杜邦模型 ………………………………………………………… 113

4.2　Excel 模型在沙盘中的实际运用 …………………………………………… 115

4.2.1 产品选择策略 ·· 115

4.2.2 生产线投资策略 ······································· 115

4.2.3 财务预算 ·· 115

4.2.4 广告费投放结果计算 ································· 116

第5章 企业评价 ·· 117

5.1 综合评价 ·· 117

5.2 企业年度单指标评价 ·································· 118

5.2.1 净利润占销售收入比例 ···························· 120

5.2.2 广告投入占销售收入比例 ························· 121

5.2.3 研发投入占销售收入比例 ························· 122

5.2.4 固定支出 ·· 123

5.2.5 资产周转率 ··· 124

5.2.6 负债与股东权益比率 ······························ 125

5.2.7 速动比率（速动资产/短期负债） ·············· 126

5.2.8 资产回报率 ··· 127

5.2.9 股东权益回报率 ····································· 128

5.3 小组成员评价 ·· 129

第6章 总结 ·· 131

第三部分 实验报告手册

起始年 ··· 135

任务清单 ·· 135

起始年销售订单 ·· 136

起始年的现金流量表 ······································ 136

起始年的财务报表 ··· 138

第一年 ·· 140

　　任务清单 ·· 140

　　第一年销售订单 ··· 141

　　第一年的现金流量表 ··· 141

　　第一年的财务报表 ·· 143

第二年 ·· 145

　　重要决策 ·· 145

　　现金预算表 ·· 145

　　任务清单 ·· 148

　　第二年销售订单 ··· 149

　　第二年的现金流量表 ··· 150

　　第二年的财务报表 ·· 151

第三年 ·· 154

　　重要决策 ·· 154

　　现金预算表 ·· 154

　　任务清单 ·· 157

　　第三年销售订单 ··· 158

　　第三年的现金流量表 ··· 159

　　第三年的财务报表 ·· 160

第四年 ·· 163

　　重要决策 ·· 163

　　现金预算表 ·· 163

　　任务清单 ·· 166

　　第四年销售订单 ··· 167

　　第四年的现金流量表 ··· 168

　　第四年的财务报表 ·· 169

第五年 ·· 173

重要决策 ·· 173

现金预算表 ·· 173

任务清单 ·· 176

第五年销售订单 ·· 177

第五年的现金流量表 ·· 178

第五年的财务报表 ·· 179

ABC 成本计算 ·· 181

第六年 ·· 182

重要决策 ·· 182

现金预算表 ·· 182

任务清单 ·· 185

第六年销售订单 ·· 186

第六年的现金流量表 ·· 187

第六年的财务报表 ·· 188

经济附加值的计算 ·· 190

第七年 ·· 191

重要决策 ·· 191

现金预算表 ·· 191

任务清单 ·· 194

第七年销售订单 ·· 195

第七年的现金流量表 ·· 196

第七年的财务报表 ·· 197

参考文献 ·· 201

第1章 绪 论

1.1 实验目的和意义

企业竞争模拟（又称"沙盘"）实验课将企业的整体运营展现于沙盘之上，学生通过对沙盘上各项经营活动的推演，模拟企业的主要运作环节，体验如何制定战略，如何将战略和执行过程有效结合，进而把企业战略管理、生产运营管理、市场营销、投资分析、财务管理、人力资源管理等综合知识运用到公司的整体运营过程中。这种模拟体验可帮助学生站在高层领导的角度认清企业运营状况，建立企业运营的战略视角，了解企业中物流、资金流、信息流如何做到协同统一，认识到 ERP 系统对于提升公司管理的价值，了解整个公司的运作流程，提高学生的全局和长远策略意识，了解各部门决策对企业业绩产生的影响等。进一步培养经济管理类学生在企业运营过程中的实际能力，使其了解和体会企业运营的全貌，形成宏观规划、战略布局、管理决策的思维模式，并尽快具备中高层管理人员必备的实战能力和经验，将理论与实际相结合，提高自身的综合能力。

1.2 实验教学安排

企业竞争模拟实验课学时一般为 20~32 学时，一共分为 4 个阶段。

1.2.1 阶段一：实验准备

学生们以小组为单位，组合形成多个相互竞争的模拟企业，每个小组 5~7人。小组成员进行角色分配，明确各自职能，并为各自的小组拟定企业名称。企业总裁 CEO 负责公司战略决策，制定各个职能岗位职能战略。财务总监 CFO 负责资金运作、营销总监 CMO 负责制定市场竞争策略以及产品的销售、生产总监 COO 负责产品的采购和制订生产计划、技术研发总监 CTO 负责制定产品的研发计划、总会计师主管财务核算和会计工作。在实验过程中可以进行适当的角色互换，体验不同角色不同角度思考问题的差别。

1.2.2　阶段二：沙盘模拟游戏规则

　　了解公司背景、实验的纪律和要求。了解公司初始年份的相关情况以及实战演练的规则讲解，包括：广告投入的介绍、订单争取规则、市场排行规则、订单交货规则、贷款规则和贴现规则、市场开拓规则、产品研发和 ISO 开发规则、产品计件加工费用规则、原材料采购规则、生产线安装和改造规则、运营规则等。阅读学习年度利润表、资产负债表，了解报表基本数据。按照年初业务、季度业务和年末业务进程学习经营模拟企业，认识沙盘不同区位的表示以及标识数量所代表的意义。学习如何根据沙盘盘面表达含义以及盘面数据与业务记录，编制会计报表。

1.2.3　阶段三：沙盘实战对抗阶段

　　每一个企业岗位人员在市场预测的基础上讨论企业战略和业务策略，在 CEO 的领导下按一定程序开展经营，做出所有重要事项的经营决策，决策的结果会从企业经营结果中得到直接体现，沙盘模拟的经营流程如下：

　　（1）按照公司初始状态进行摆盘。

　　（2）确定本年度销售计划、设备投资与改造、生产计划、采购计划、市场开发、产品研发等决策。

　　（3）制订广告投资计划。

　　（4）按照任务清单进行生产操作，并按要求填写财务报表。

　　（5）核算本年度资产收入和负债情况并进行公司绩效排名。

　　（6）以后每年重复流程 1~5。

1.2.4　阶段四：实训总结

　　（1）根据沙盘模拟对抗过程，进一步完成各年度的财务报表、现金流量表、订单表等。

（2）明确各岗位成员是否完成其相应的职责，分析讨论在模拟经营中出现的问题并反思。

（3）根据业绩考核表，考核每个企业 7 年经营的整体情况并进行排名，将实训过程和结果写入实验报告中。

（4）撰写小组总结和个人体会。

（5）根据评分标准对每个成员进行打分。

第一部分　理　　论

第 2 章　沙盘模拟相关理论

2.1　沙盘模拟起源

"沙盘"一词源于古代军事战争，是作战推演中根据地形图或实地地形，按照一定的比例尺用泥沙、兵棋道具等各种材料堆制而成的模型。在军事上，常供研究地形、敌情、作战方案、组织协调动作和实施训练使用。沙盘在我国历史悠久。据《后汉书·马援列传》记载，公元 32 年东汉开国皇帝汉世祖光武帝刘秀征讨陇西的隗嚣，召名将马援商讨进军方略。马援对陇西一带的地理情况很熟悉，就用米堆成一个与实地地形相似的模型，从战术上做了详尽分析。光武帝刘秀看后，高兴地说：敌人尽在我眼中。这就是最早的沙盘作业。在第一次世界大战后，沙盘才在实际中得到广泛应用，至今已经演变出地形沙盘、建筑模拟沙盘、工业地形沙盘、房地产沙盘、企业经营沙盘等形式。

企业沙盘模拟起源于美国哈佛大学 MBA 教学，是集知识性、趣味性、对抗性于一体的企业管理技能训练课程。21 世纪引入中国后，逐渐成为高校经济管理类人才培养的一种教学工具。其本质就是利用沙盘理念，通过一系列规则和道具来模拟现代真实企业经营的过程，将 ERP 中比较抽象的管理理论，用沙盘这种形象直观的方式展现出来，它将该企业运营战略规划、资金筹集、市场营销、产品研发、生产组织、物资采购、设备投资与改造、财务核算与管理等关键环节，以及企业运营所处的内外部环境抽象为一系列的规则，由学员组成若干个相互竞争的模拟企业，每个学员在模拟企业中扮演一定的角色，如总裁（Chief Executive Officer，CEO）、财务总监（Chief Financial Officer，CFO）、营销总监（Chief Marketing Officer，CMO）、生产总监（Chief Operating Officer，COO）、技术研发总监（Chief Technology Officer，CTO）、总会计师和企划部部长等职务，让学员站在企业部门领导的角度来分析、处理企业面对的战略制定、组织生产、整体营销和财务结算等一系列管理问题。

2.2 ERP 原理

2.2.1 ERP 的概念

企业资源计划（Enterprise Resources Planning，ERP），是指建立在信息技术基础上，以系统化的管理思想为企业决策层及员工提供决策运行手段的平台。它是由美国著名的计算机技术咨询和评估集团 Garter Group Inc. 提出的一整套企业管理系统体系标准，其本质是制造资源计划（MRPII）在供应链领域进一步发展。ERP 是一个面向供应链（Supply Chain）管理、综合应用客户机/服务器体系、关系数据库结构、面向对象技术、图形用户界面、第四代程序设计语言、网络通信等信息技术成果，以 ERP 管理思想为灵魂的软件产品，是集企业管理理念、业务流程、基础数据、人力物力、计算机硬件和软件于一体的企业资源管理系统。

2.2.2 发展阶段

ERP 的形成和发展大致经历了五个阶段，按照时间的先后顺序分别为：（1）20 世纪 40 年代的库存控制的订货点方法阶段，主要是记录大量原始数据、支持查询、汇总等方面的工作。(2) 20 世纪 60 年代的开环物料需求计划（MRP）和 20 世纪 70 年代的闭环物料需求计划（闭环 MRP）阶段。在该阶段企业的信息管理系统对产品构成进行管理，借助计算机的运算能力及系统在库物料、产品构成的管理能力，实现依据客户订单、按照产品结构清单计算物料需求计划，以实现减少库存、优化库存的管理目标。（3）20 世纪 80 年代的制造资源计划，是在 MRP 系统的基础上，通过增加企业生产中心、加工工时、生产能力等方面的管理功能，以实现计算机进行生产排程的功能，同时也将财务的功能囊括进来，在企业中形成以计算机为核心的闭环管理系统，这种管理系统已能动态监控产、供、销的全部生产过程。（4）20 世纪 90 年代出现了企业资源计划。在进入 ERP 阶段后，以计算机为核心的企业级的管理系统更为成熟。ERP 系统增加了财务预测、生产能力、调整资源调度等方面的功能，配合企业实现 JIT 管理、全面质量管理、生产资源调度管理及辅助决策的功能，成为企业进行生产管理及决策的平台工具。（5）随着互联网的逐渐成熟，在 21 世纪出现了 ERPII，在该阶段 Internet 技术的成熟为企业信息管理系统增加与客户或供应商实现信息共享和直接的数据交换的能力，从而强化了企业间的联系，形成共同发展的生态链，体现企业与企业之间协同生产的供应链管理思想。ERPII 系统具备的这方面功能，使决策者及业务部门能够实现跨企业的联合战略。

2.2.2.1　库存控制的订货点方法阶段

18 世纪工业革命之后，人类进入工业经济时代。工业经济时代竞争的焦点是如何通过规模化的大量生产来降低产品的生产成本。随着生产发展和技术进步，大规模生产给当时的制造企业带来了很多管理控制上的困难，其中比较有代表性的就是原材料和产成品的库存管控。企业为了维持均衡的生产状态，会增加相应的原材料和产成品库存以备不时之需。但是，一方面库存会占用流动资金，另一方面库存需要专人维护管理，因此会产生相关费用。此外，库存过程中必然造成库存品的丢失、变质等，也会给企业带来一定的损失。为了更好地协调生产和库存数量的合理平衡关系，20 世纪 40 年代初期，西方经济学家通过研究物料库存随时间推移而被使用和消耗的规律，提出了订货点的方法和理论。

为了改变只能根据缺货状态确定物料需求这种被动情况，订货点法提出了一种按照过去经验预测未来物料需求的方法（如图 2-1 所示）。订货点是一个库存水平，如果现有库存量加上现有订货量低于订货点时，则需要补充库存，产生订货单。这是一种通过控制库存来制订需求计划的方法。订货点的确定方法为：

订货点 = 单位时段的需求量×订货提前期+安全库存量

订货点法的假设条件是：企业对各种物料需求是相互独立的；物料需求是连续发生的；订货需求是连续发生；订货前期是已知和固定的；库存消耗后，应被重新填满。但是实际情况相当复杂，这些假设条件很难成立。比如，在物料需求的独立性方面，由于订货点法不考虑物料构成之间的关系，每项物料的订货点不

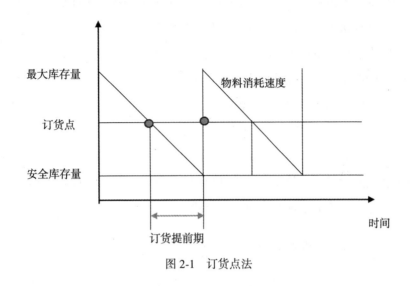

图 2-1　订货点法

同，其供应需求也是独立确定的，但是在制造业中物料需求的一个特点就是：为了装配成产品，各个物料的品种和数量必须是按照产品结构配套的，这样就导致虽然单项物料的供货率提高了，但是总供货率却降低了。在实际操作中，对产品零部件的需求也是不均匀、不稳定的，库存消耗是间断的，这种现象提出了一个如何确定需求时间的问题。订货点法是根据平均消耗间接确定需求时间的，因此对于实际的工作毫无意义。对于订货点法而言，"何时订货"往往被认为是库存管理中的核心问题，订货点法通过触发订货点来确定订货日期，再通过提前期来确定需求日期，而该问题的解决方法是需要确定"何时需要物料"，因此订货点法是本末倒置的。

2.2.2.2　MRP

（1）时断式 MRP。MRP（Material Requirements Planing）被称为物料需求计划。时断式 MRP 是在解决订货点法的缺陷基础上发展起来的，因此仍然是以库存控制为核心。它与订货点法的区别在于：一是通过产品结构构成将所有物料的需求联系起来；二是将物料需求区分为独立需求和非独立需求分别加以处理；三是对物料的库存状态数据引入了时间分段的概念。时断式 MRP 的数据处理逻辑如图 2-2 所示，它运行的基本原理是根据市场需求的预测和已知的销售订单，确定企业将要生产什么样的产品，根据产品结构或者物料清单（Bill of Material，BOM）、制造工艺流程、产品交货期以及库存状态等信息由计算机编制出各个时间段各种物料的生产以及采购计划，最终安排生产。时断式 MRP 的基本假设为：保证物料清单和库存记录文件数据的完整性；所有物料的订货提前期是已知的；所有受其控制的物料都要经过库存登记；用于构成某个父项的所有子项都必须在下达父项的订货时到齐；每项物料的消耗都是间断的。

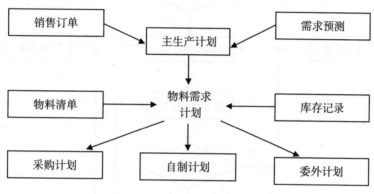

图 2-2 时断式 MRP 的数据处理逻辑

（2）闭环 MRP 阶段。20 世纪 70 年代人们在时断式 MRP 的基础上，一方面把生产能力作业计划、车间作业计划和采购作业计划纳入 MRP 中，同时在计划执行过程中，加入来自车间、供应商和计划人员的能力信息，并利用这些信息进行计划的平衡调整，从而围绕着物料需求计划安排生产，使生产的全过程形成一个统一的闭环系统，被称为闭环 MRP。闭环 MRP 的逻辑流程如图 2-3 所示。

2.2.2.3 MRPII

闭环 MRP 的出现使企业生产活动的各个子系统得到了统一，但这还不够。因为在企业管理中，生产管理只是一个方面，它所涉及的仅仅是物流，而与物流密切相关的还有资金流。因此，建立一个一体化的管理系统，去掉不必要的重复性工作、减少数据间的不一致性、提高工作效率、实现资金流和物流的统一管理、把财务子系统与生产子系统结合到一起，形成一个系统整体，这使得闭环 MRP 向 MRPII 前进了一大步。最终，在 20 世纪 80 年代，人们把制造、财务、

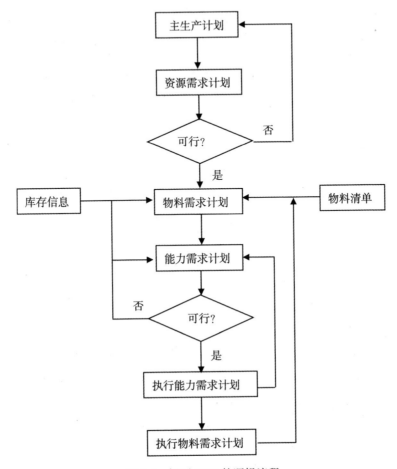

图 2-3 闭环 MRP 的逻辑流程

销售、采购、工程技术等各个子系统集成为一个一体化的系统，并称为制造资源计划（Manufacturing Resource Planning，MRP）系统，为了与物料需求计划系统区别而记为 MRPII。

MRPII 的基本思想就是把企业看作一个有机整体，从整体最优的角度出发，通过运用科学方法对企业各种制造资源和产、供、销、财各个环节进行有效的计划、组织和控制，使它们得以协调发展，并充分地发挥作用。MRPII 的特点有：计划的一贯性和可行性、数据共享性、动态应变性、管理的系统性、模拟预见性、物流和信息流的统一。

2.2.2.4　ERP

ERP 又称为企业资源计划，是在 MRPII 的基础上发展起来的，是一种面向供应链、面向企业的全面信息化管理、包含现代前沿管理思想方法的软件系统。ERP 最早是由美国加特纳公司提出的，基本思想是将企业的业务流程视为一个紧密连接的供应链，并规划出一套最有效率的运用方法，使企业能在激烈的市场竞争中全方位地发挥足够的能力，从而取得更好的经济效益。ERP 主要具有以下特点：ERP 系统是一个面向供需链管理的信息集成系统，它在 MRPII 的基础上扩展了管理范围，将客户需求、企业内部的制造活动以及供应商的制造资源整合在一起，形成了一个完整的供应链。在管理功能方面 ERP 在 MRPII 的基础上增加了物料流通体系中的运输管理和仓库管理。在事务处理控制方面，ERP 支持在线分析处理（Online Analytical Processing，OLAP）、售后服务及质量反馈的功能，以便实时掌握市场需求的脉搏。在跨国（或地区）经营事务处理方便，ERP 更是支持跨国经营的多国家（地区）、多工厂、多语种、多币制需求。在计算机信息处理技术方面，ERP 支持远程通信、Web/Internet/Intranet/Extranet、电子商务和电子数据交换等。同时 ERP 系统还采用计算机和网络通信技术的最新成就，除了已经普遍采用的用户界面技术、结构化查询语言、关系数据集管理、面向对象技术等，ERP 系统还采用适用于网络技术的编程软件以及客户机/服务器（Client/Server，C/S）体系结构和分布式数据处理技术，加强了用户自定义的灵活性，增加了可配置性功能，以适应不同行业用户的需要。除此之外，ERP 系统还与企业业务流程重组（Business Process Reengineering，BPR）密切相关，企业不断进行 BRP 使得 ERP 系统支持基于全球范围内的、实时的、可重构的过程的供应链及供应网络结构。

2.2.2.5　新一代 ERP

传统的 ERP 的理论核心解决了企业管理中资源合理控制的问题，但随着市场情况的变化，单纯的企业对企业间竞争已经不复存在，只强调对企业本身的管理已经越来越不适应发展的需要。企业间的主要竞争形式正在悄悄发生转变。"互动管理"是指将企业的外部资源和市场动态纳入管理的范围中来，从而形成了一个以"品牌企业"为核心，以客户、供应商、合作伙伴为联盟的大经济资源联盟体，这个联盟并不受企业股权的控制，只以经济利益为纽带，通过互动管理统一的技术平台，实现相互资源的互联互通。联盟体内的各个商业伙伴不再是独立的，信息的流向也不再是单向的，而是动态双向的，通过信息链上贸易伙伴之间的紧密集成形成联盟体的动态协调。

2.3 企业战略管理

2.3.1 企业战略管理定义

企业战略管理的实质是企业高层决策者根据企业的特点和内外部环境分析，确定企业的总体目标和发展方向，制定和实施企业发展总体谋划的动态过程。它从企业整体和全局角度出发，综合运用战略管理理论，处理涉及企业整体的和全面的管理问题，它使企业的管理工作达到整体最优的水平，以追求企业总体经营效益的最大化。企业战略管理的内容包括以下几个方面：

（1）提出企业的战略展望，指明企业的业务使命。

（2）建立目标体系，将企业的战略展望转换成企业要达到的具体业绩标准。

（3）分析企业内外部宏观环境以及企业所处行业的发展机会并制定战略，以达到期望的组织目标。

（4）有效实施和执行选择的企业战略。

（5）评价企业的经营业绩，调整企业的战略展望、长期发展方向。

2.3.2 企业战略管理特点

相较于传统的企业职能管理而言，企业战略管理具有如下特点：

（1）综合性。战略管理是一项高度综合性的管理活动，它不但需要对诸如生产管理、营销管理、财务管理、人力资源管理等职能性活动加以系统的思考，还要积极寻求经济学、管理学、社会学、法学、工学等综合性学科知识的融合，进而创造性地开展战略方案的设计。

（2）全局性。企业战略管理是以企业的全局为对象的，是根据企业总体发展的需要而制定的。它所管理的是企业的总体活动，所追求的是企业的总体效果。虽然这种管理也包括企业的局部活动，但是这些局部活动是作为总体活动的有机组成在战略管理中出现的。具体地说，战略管理不是强调企业某一事业部或某一职能部门的重要性，而是通过制定企业的使命、目标和战略来协调企业各部门自身的表现，依据是企业各个部门对实现企业愿景、使命、目标、战略的贡献大小。这样也就使战略管理具有综合性和系统性的特点。

（3）长远性。战略规划往往是涉及未来较长时期（5 年以上）的一种行动方案谋划，是一种为了长远的发展而谋划的战略活动。虽然这种决策以企业外部环境和内部条件的当前情况为出发点，并且对企业当前的生产经营活动有指导、控制作用，但是这一切是为了更长远的发展，是长期发展的基础。从这一点上来说，战略管理也是面向未来的管理，战略决策要以经理人员所期望或预测将要发生的情况为出发点。在迅速变化和竞争性的环境中，企业要取得成功必须对未来的变化进行预判，这就需要企业做出长期性的战略计划。

（4）动态性。由于战略管理是面向未来的一种管理活动，关于未来行动方案的选择和设计都是基于对未来形势提前判断而作出的，但是由于企业生存外部环境是不断变化的，不确定因素很多，人们无法准确预测到未来的每一个细节，因此战略管理还应当与时俱进地进行战略调整。

2.3.3　企业战略管理要素

关于企业战略的构成要素，不同的学者持有不同的观点，一般来说由四个要素组成：

（1）经营范围是指企业从事生产经营活动的领域，称为企业领域。它反映出企业目前与其外部环境相互作用的程度，可以反映出企业计划于外部环境发生作用的要求，也可以理解为企业的产品和所属的市场范围。

（2）资源配置是指企业过去和目前资源和技能配置的水平和模式。企业资源是企业生产经营活动的支持点。企业只有以其他企业不能模仿的方式取得并运用适当的资源，形成自己的独特技能，才能更好地开展生产经营活动，如果企业资源贫乏或处于不利境况时，经营范围便会受到限制。

（3）竞争优势是企业通过其资源配置模式与经营范围的决策，在市场上形成的与其竞争对手不同的竞争地位，说明了企业所寻求的、表明企业某一产品与市场组合的特殊属性，凭借这种属性可以给企业带来强有力的竞争地位。美国战略学家迈克尔·波特认为，企业获取竞争优势主要有三种战略：差异化战略、低成本战略和集中化战略。

（4）协同作用是企业从资源配置和经营范围决策中所能寻求到的各种共同努力的结果，并且在管理学中经常被直观的描述为"1+1>2"的效果，或者意味着企业各经营单位或某些生产、技术联合起来所产生的效益要大于各自独立所创造的效益总和。协同作用一般分为四类：

一是投资协同作用。这种协同作用产生于企业内各经营单位联合利用企业的设备、共同的原材料储备、共同研究开发的新产品，以及分享企业专用的工具和专有的技术等活动中。如麦当劳的房地产事业部将店铺租赁给连锁加盟商业主从事快餐业务，一方面支持了连锁快餐业务的发展，另一方面又获得高于平均水平的租金收入。

二是作业协同作用。这种协同作用产生于充分利用已有的人员和设备，共享由学习曲线形成的专业化优势等活动。如科龙公司利用其制冷方面人员、设备和技术的专业化优势同时生产冰箱和空调即属此类。

三是管理协同作用。管理能力是一种重要的能力，成功的企业一般都拥有这种能力。现代管理理论认为，管理能力对于很多业务是通用的，因此，企业可以充分利用其管理能力，同时管理若干个业务，产生比管理单一业务更大的效益。如当企业的经营领域扩大到新的行业时，如果在管理上遇到曾处理过的类似问题，企业管理人员就可以利用在原行业中积累起来的管理经验，有效地处理和解决这些问题。

四是销售协同，这种协同作用产生于企业产品使用共同的销售渠道、销售机构和推销手段，还产生于企业使用共同的品牌。如原来主要生产冰箱的海尔公司，在建立起销售渠道和品牌影响力后，其后续开发的家电产品很多继续使用和海尔品牌相同的渠道，大大减少了广告推广和渠道建设支出。

2.3.4　企业战略管理过程

如图 2-4 所示，企业战略管理的过程包括 6 大步骤，分别为确定企业使命与愿景、确定企业战略目标、确定企业战略方案、企业战略方案的评价与选择、确定企业职能部门的策略，以及企业战略的实施和控制，而每一步都是建立在企业的内外部环境分析的基础上的。图中箭头的指向也表明企业战略管理是一个动态的、流动的过程，有着许多相对有迹可循而又各不相同的实施方式，具体操作时，要综合各方变化积极应对，同时也表明战略管理是一个不断循环的过程，而不是一个个相互独立的决策事件，管理者应该时刻关注战略的动态变化，并根据变化对战略决策进行相应的优化，使其能更好地适应内外部环境的变化。

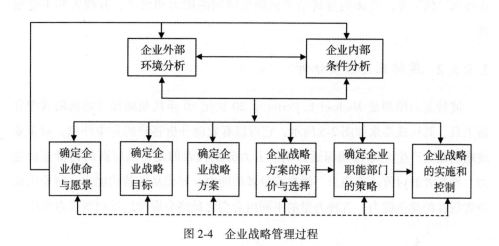

图 2-4 企业战略管理过程

2.3.5 实用战略管理的分析工具

2.3.5.1 PEST 分析

P（Political），指政治法律环境，主要考虑影响企业战略的政治、法律因素，如外交政策、产业政策、环境保护等，以及对客户战略有重要意义的政治和法律变量，如关税和进出口限制。

E（Economic），指经济环境，主要考虑影响企业战略的经济特征、经济联系、经济条件等。如劳动生产率水平、消费模式、货币市场模式、税率、通货膨胀。

S（Social），指社会文化及自然环境，主要考虑影响企业战略的民族特征、文化传统、价值观、宗教信仰、社会结构、教育水平、风俗习惯等社会因素，以及地区或市场的地理、气候、资源、生态等因素。

T（Technological），指技术环境，主要考虑企业战略的技术水平、技术政策、发展动态、研发能力、产品生命周期等因素。

PEST分析主要分析宏观环境对企业的现实和潜在的影响，是制定和评估企业战略的基本工具，但是其只提供了一个宏观分析的框架，具体的分析指标应项目情况不同需要根据实际情况自行选择，并且PEST分析本身不提供分析指标的选择和评估标准，具体的分析结果依赖于顾问的能力和水平，有较大的不确定性。

2.3.5.2　波特五力模型分析

波特五力模型是Michael E. Porter于20世纪80年代初期提出的战略管理分析工具，其构成要素如图2-5所示，它可以有效地分析客户的竞争环境，对企业战略的制定产生全球性的深远影响。五力分别代表的是：供应商的讨价还价能力、购买者的讨价还价能力、潜在竞争者的能力、替代品的替代能力、行业内竞争者现在的竞争能力。五种力量的不同组合变化最终会影响行业利润潜力变化。

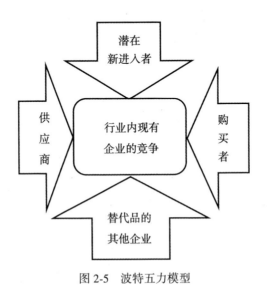

图2-5　波特五力模型

2.3.5.3　SWOT 分析

SWOT 分析方法是一种企业战略分析方法，即根据企业自身的既定内在条件进行分析，找出企业的优势、劣势以及核心竞争力所在。其中，S 代表 Strength（优势），W 代表 Weakness（弱势），O 代表 Opportunity（机会），T 代表 Threat（威胁），其中 S、W 是内部因素，O、T 是外部因素。SWOT 分析旨在进行更加结构化的分析，以便找到有助于制定战略的新发现。基本步骤为：

（1）分析企业的内部优势和劣势，既可以是相对企业目标而言的，也可以是相对竞争对手而言的。

（2）分析企业面临的外部机会和威胁，可能来自与竞争无关的外部环境因素的变化，也可能来自竞争对手力量与因素的变化。

（3）将企业的优势和劣势与外部的机会和威胁进行交叉分析，开发一种能够将企业资源与环境机会相匹配的战略并进行持久竞争优势检验，最后形成企业战略。

SWOT 分析为企业提供了四种可供选择的战略（如图 2-6 所示）。

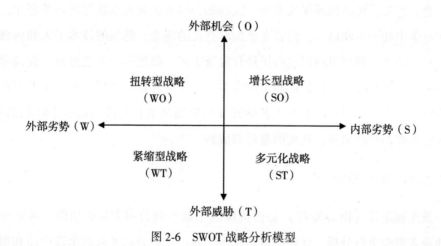

图 2-6　SWOT 战略分析模型

（1）增长型战略（SO）。增长型战略是一种发展企业内部优势与利用外部机会的战略，是一种理想的战略模式。当企业具有特定方面的优势，而外部环境又为发挥这种优势提供机会时，可以采取该战略。例如一个资源雄厚的企业（具有内部优势）发现某一国际市场尚未饱和（存在外部机会），那么它就应该采取 SO 战略去开拓这一市场。

（2）扭转性战略（WO）。扭转型战略是利用外部机会来弥补内部弱点，使企业改劣势而获取优势的战略。例如，当市场上对于某项业务的需求快速增长时（外部机会），如果企业自身缺乏这一方面的资源（内部劣势），企业就应该抓紧时机采取扭转型战略，购买相关设备、技术、雇用技术人员或者干脆并购一个相关企业，以抓住这个机会。

（3）紧缩型战略（WT）。紧缩型战略是一种旨在减少内部弱点，回避外部环境威胁的防御技术。当企业存在内忧外患时，往往面临生存危机，降低成本也许成为改变劣势的主要措施。当企业成本状况恶化、原材料供应不足、生产能力不够、无法实现规模效益且设备老化时，该企业在成本方面难以有大作为，这时将迫使企业采取目标聚集战略或差异化战略，以回避成本方面的劣势，并回避成本原因带来的威胁。

（4）多元化战略（ST）。多元化战略是指利用企业自身优势，回避或减轻外部威胁所造成的影响。如竞争对手利用新技术大幅降低成本，给企业很大成本压力，企业还要支付高额环保成本等。这些都会导致企业成本状况进一步恶化，使之在竞争中处于不利地位，但若企业拥有充足的现金、熟练的技术工人和较强的产品开发能力，便可以利用这些优势开发新工艺，简化生产工艺过程，提高原材料利用率，从而降低材料消耗和生产成本。另外开发新技术产品也是企业可选择的战略。新技术、新材料和新工艺的开发与应用是最具有潜力的成本降低措施，同时它可提高产品质量，从而回避外部威胁。

2.3.5.4 波士顿矩阵

波士顿矩阵（BCG 矩阵）是由美国波士顿咨询公司率先提出的、对企业当前的业务组合进行分析、评价的战略管理工具。它把公司经营的全部产品和服务的组合作为一个总体来看待，故也称"统筹分析法"。这种方法假定企业由两个以上的经营单位组成，每个单位的产品有明显的差异并具有不同的细分市场。在拟定每个产品的发展战略时，主要考虑的是它的相对竞争地位（市场占有率）和业务增长率。以前者为横坐标，后者为纵坐标，分为四个象限，企业各经营单位的产品按其市场占有率和业务增长率高低填入相应的位置形成矩阵，如图 2-7 所示，产品的业务增长率范围为 0~20%，并认为业务增长率超过 10% 就是高速增长，市场占有率用数字 0.1~10 进行表示，数字表示该产品的销售量是其最大竞争对手的多少倍。波士顿矩阵分析的目的是为企业通过此种方法分析，来确定业务发展方向以保证企业收益，其核心在于要解决如何使企业的产品品种及其结构适合市场需求的变化，其关键是如何协助企业分析与评估其现有产品线，利用企业现有资金进行产品的有效配置与开发。同时，矩阵中四种不同性质的产品类型会形成不同的产品发展前景。

（1）明星产品（Stars）。该产品市场占有率和业务增长率均高，可能成为企业的金牛产品，需要加大投资以支持其迅速发展。采用的发展战略是：增长战略，积极扩大经济规模和市场机会，以长远利益为目标，提高市场占有率，加强竞争地位。但只有具备规模效应综合实力较强的企业才宜实行"明星"战略，因为将"新星"转化为"明星"不但有一个较长时间的过程，还有一个资金大量投入的过程，同时对企业相关条件要求过高，如有系统的新产品战略、市场预测、新技术储备、人力资源、研发资金支持，以及有能较快地将"新星"产品转化为"明星"产品的企划思想和营销能力等。

（2）金牛产品（Cash Cows）。该产品的市场占有率高，但业务增长率低，因此该产品的作用是提供稳定销量，由于市场已经成熟，企业不必大量投资来扩展市场规模，同时作为市场中的领导者，该业务享有规模经济和高边际利润的优势，因而给企业带来大量现金流。可采用收获战略，即所投入资源以达到短期收益最大化为限。首先把设备投资和其他投资尽量压缩，其次采用榨油式方法，争取在短时间内获取更多利润，为其他产品提供资金。对于这一象限内的销售增长率仍有所增长的产品，应进一步进行市场细分，维持现存市场增长率或延缓其下降速度。对于金牛产品，适合于用事业部制进行管理，其经营者最好是市场营销型人才。

（3）问题产品（Question Marks）。该类产品的增长率高，但市场占有率低。对此类型产品，企业将面临选择加强市场渗透、市场开发或产品开发战略，还是进行出售、放弃的决定。只有那些符合企业发展长远目标、企业具有资源优势、能够增强企业核心竞争力的业务才有可能得到肯定的回答。得到肯定回答的问题型产品，其业务适合于采用增长战略，目的是扩大企业问题产品的市场份额，甚至不惜放弃近期收入来达到这一目标，因为问题型产品要发展成为明星型产品，其市场份额必须有较大的增长。得到否定回答的问题型产品则适合采用收缩战略。

（4）瘦狗产品（Dogs）。一般情况下，这类产品常常是处在低增长率、低市场占有率象限内的产品群。其财务特点是利润率低、处于保本或亏损状态、负债比率高、无法为企业带来收益。对这类产品应采用撤退战略：首先应减少批量、逐渐撤退，对那些销售增长率和市场占有率均极低的产品应立即淘汰；其次是将剩余资源向其他产品转移；最后是整顿该系列产品，最好将瘦狗产品与其他事业部合并，统一管理。

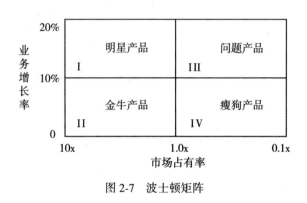

图 2-7　波士顿矩阵

2.3.5.5　价值链分析

价值链分析最早是由迈克尔·波特教授提出的，其狭义定义是企业经营活动从开始到结束的一组连续的过程，这些活动共同对顾客具有价值（顾客可能是最终的外部顾客，或者是内部的价值链使用者），它们由价值活动和边际利润两部分组成。企业价值链的内涵主要有以下三点：

（1）企业要在市场竞争中取得竞争优势，必须在创造价值方面比对方做得更好；价值创造体现在每个环节中，每个环节所创造的价值和发生的成本不同。

（2）价值链主要由两类价值活动构成，即基本活动和辅助活动；每个活动均在创造价值，而非成本，问题的着眼点在企业内部。

（3）价值链不是孤立存在：任何企业内部各业务单元之间的联系构成了公司的价值链，各业务单元之间也存在着运作价值链；在同一产业中，上下游企业之前存在着行业价值链。

企业的价值链结构如图 2-8 所示，企业价值链活动被分为基本活动和支持活动两种，基本活动涉及企业内部后勤、生产运营、外部后勤、营销和销售、售后服务。支持活动涉及人事、财务、计划、研究与开发、采购等。不同的企业参与的价值活动中，并不是每个活动都创造价值，实际上只有某些特定的价值活动才真正创造价值，这些真正创造价值的经营活动，就是价值链上的"战略环节"。

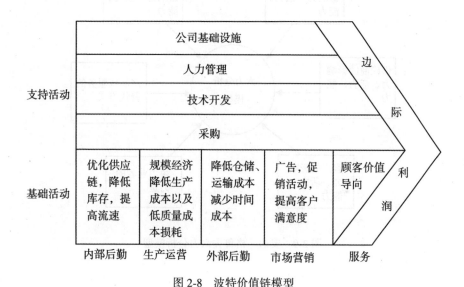

图 2-8　波特价值链模型

2.3.5.6　六力分析模型

六力分析的概念是英特尔前总裁安迪·格鲁夫（Andrew S. Grove）提出的，他以波特的五力分析架构为出发点，重新探讨并定义产业竞争的六种影响力（如图 2-9 所示）。他认为影响产业竞争态势的因素分别是：

（1）现存竞争者的影响力、活力、能力；

（2）供货商的影响力、活力、能力；

（3）客户的影响力、活力、能力；

（4）潜在竞争者的影响力、活力、能力；

（5）产品或服务的替代方式；

（6）协力业者的力量。

透过此六种竞争力量的战略管理分析，有助于厘清企业所处的竞争环境，点出产业中竞争的关键因素，并界定最能改善产业和企业本身获利能力的策略性创新。

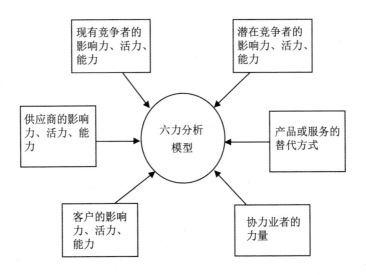

图 2-9　安迪·格鲁夫六力分析模型

2.3.5.7　新 7S 原则

新 7S 原则（Principal of New 7S）由美国管理大师达·维尼提出，强调的是企业能否打破现状、抓住主动权和建立一系列暂时的优势。新 7S 原则的经营思维架构具体包括：

（1）更高的股东满意度（Stockholder Satisfaction）。这里的"股东"是一个十分广泛的概念，即客户的概念，包括过去企业最重视的股东、市场导向管理中迅速得到重视的顾客以及近几年人本管理的主角即员工。

（2）战略预测（Strategic Soothsaying）。要做到客户满意，公司就必须用到战略预测。了解市场和技术的未来演变，就能看清下一个优势会出现在哪里，从而率先创造出新的机会。

（3）速度定位（Speed）。在如今超强竞争环境下，成功与否在于能否创造出一系列的暂时优势，所以公司快速从一个优势转移到另一个优势的能力非常重要。速度让公司可以捕捉需求、设法破坏现状、瓦解竞争对手的优势，并在竞争对手采取行动之前就创造出新的优势。

（4）出其不意的定位（Surprise）。经营者们要做的工作，是探寻价值创新的道路，而很少去控制和管理现有的业务运作。

（5）改变竞争规则（Shifting the Rules Against the Competition）。改变竞争规则可以打破产业中既有的观念和标准模式。亦步亦趋是被动应战，常常取不到好的效果。

（6）告示战略意图（Signaling Strategic Intent）。向公众及产业内同行公布你的战略意图和未来行动，有助于告诫竞争对手不要侵入你的市场领域；同时，还可以在顾客中有效地形成"占位效应"，即有购买意图的顾客会等待告示公司的该种产品研制生产出来后再购买，而不去购买市场上已有的其他公司的同类产品。

（7）同时连串的战略出击（Simultaneous and Sequential Strategic Thrusts）。仅有静态的能力，或是仅有优良的资源都是不够的，资源需要有效地加以运用。公司战略成功的关键，在于将知识和能力妥善运用，以一连串的行动夺取胜利，并将优势迅速移到不同的市场。

2.3.5.8 蓝海战略

蓝海战略（Blue Ocean Strategy）是由 W. 钱·金（W. Chan Kim）和莫博涅（Mauborgne）提出的。蓝海战略认为，聚焦于红海等于接受了商战的限制性因素，即在有限的土地上求胜，却否认了商业世界开创新市场的可能。运用蓝海战略，视线将超越竞争对手移向买方需求，跨越现有竞争边界，将不同市场的买方价值元素筛选并重新排序，从给定结构下的定位选择向改变市场结构本身转变。

蓝海以战略行动（Strategic Move）作为分析单位，战略行动包含开辟市场的主要业务项目所涉及的一整套管理动作和决定，在研究 1880—2000 年 30 多个产业 150 次战略行动的基础上，指出价值创新（Value Innovation）是蓝海战略的基石。价值创新挑战了基于竞争的传统教条即价值和成本的权衡取舍关系，让企业将创新与效用、价格与成本整合一体，不是比照现有产业最佳实践去赶超对手，而是改变产业镜框重新设定游戏规则；不是瞄准现有市场"高端"或"低端"顾客，而是面向潜在需求的买方大众；不是一味细分市场满足顾客偏好，而是合并细分市场整合需求。表 2-1 显示了"红海战略"与"蓝海战略"的六个区别。

表 2-1　　　　　　　　"红海战略"和"蓝海战略"六个区别

红 海 战 略	蓝 海 战 略
靠大量生产，降价竞争来生存	追求差异化，创造出"无人竞争"的市场
利用现有需求	开创和掌握新的需求
过度依赖技术创新或科技研发	强调价值的重新塑造和包装，化腐朽为神奇
在现有市场空间中竞争	不与竞争者竞争
致力于解决竞争	把竞争变得毫无意义
只能满足客户现在的需要	不断探索客户潜在需要

2.3.5.9　四种战略类型

雷蒙德·迈尔斯（Raymond Miles）和查尔斯·斯诺（Charles Snow）在 1978 年《组织战略、结构和方法》（*Organization Strategy, Structure, and Process*）一书中认为，企业战略并不是取决于组织的类型或风格，而是取决于那些需要战略解决的基本性问题：

（1）事业问题（Entrepreneurial Problem）：企业如何管理市场份额。

（2）工程问题（Engineering Problem）：企业如何执行解决事业问题的方案。

（3）行政问题（Administrative Problem）：企业应该如何架构以适应解决前两个问题的需要。

基于这三种类型的问题，他们将企业分为四种战略类型：

（1）防御者（Defender）。作为成熟行业中的成熟企业，采用高效生产、严格控制、连续、可靠的手段，努力寻求保护自己的市场地位。

（2）探索者（Prospector）。一种致力于发现和发掘新产品和新市场机会的企业。它的核心技能是市场能力和研发能力，它可以拥有较多的技术类型和较长的产品线。

（3）分析者（Analyzer）。这是一类规避风险同时又能够提供创新产品和服务的企业。它致力于有限的一些产品和技术，以质量提高为手段，力争超越竞争对手。

（4）反应者（Reactor）。这是一类对企业外部环境缺乏控制的企业，它既缺乏适应外部竞争的能力，又缺乏有效的内部控制机能。它没有一个系统化的战略设计与组织规划。

2.4　企业财务管理

2.4.1　概念及特点

财务管理是企业对财务活动进行的计划、组织、协调、控制与考核。财务活动指的是企业生产经营活动中的资金不停地流转变化，也称为资金运动。企业管理的本质是一种价值管理，主要内容分别为：投资管理、筹资管理、资产管理、成本费用管理、收入与分配管理。财务管理的特点为：

（1）综合性强。财务管理是一项综合性管理工作，主要运用价值形式对企业经营活动实施管理，它包括筹资管理、投资管理、营运资金管理、利润分配等，这是一项综合性较强的经济管理活动。通过价值管理，合理规划和控制企业所有的物质条件、营运过程和营运结果，达到不断提高企业价值的目的。因此财务管理既是企业管理的一个独立方面，又是一项综合性的管理工作。

（2）涉及面广。财务管理与企业各方面有广泛联系，财务管理活动涉及企业供应、生产、销售等各个环节，企业内部各个部门与资金不发生联系的现象是很少见的。可以说企业财务管理的触角能伸向企业经营的每一个角落。企业内部每一个部门都在合理使用资金、节约资金、提高资金效率上，接受财务的指导，受到财务管理部门的监督和约束。

（3）反应迅速。财务管理可以迅速反映企业生产经营情况，在企业经营中，经营是否得当、决策是否科学、技术是否先进、产销是否顺畅，都能迅速地在企业财务指标中得到反映。例如，如果企业生产的产品滞销，则会导致企业库存增加、资金周转放缓、赢利能力减弱，这一切都可以通过各种财务指标迅速地反映出来。财务部门应向企业领导及时通报有关财务指标的变化情况，以便把各部门的工作都纳入提高经济效益的轨道，努力实现企业价值最大化的目标。

2.4.2 财务管理的目标

2.4.2.1 利润最大化

利润最大化是西方微观经济学理论的基础，最大化理论认为企业是带有盈利性质的经济组织，因此将利润最大化作为企业的财务管理目标，以评价企业的行为和业绩似乎也无可厚非。此观点形成于 19 世纪初，直到 20 世纪 50 年代以前一直在理论界占据着主导地位。按照传统的观念来看，企业是一个经济组织，而利润是衡量这一组织业绩的公认指标。利润多则意味着实现的劳动价值多、剩余产品多、社会财富多。因此，利润最大化便意味着社会财富的最大化。根据亚当·斯密、大卫·李嘉图和阿尔弗莱德·马歇尔的古典经济理论，企业财务管理目标就是实现"利润最大化"，支持这一观点的理由如下：

（1）利润代表企业创造出来的新财富，利润越多，企业的财富增加得就越多。利润是企业积累财富的源泉，利润最大化使企业的经营资本有了可靠的资金来源。

（2）企业经营过程中为了追求利润增长降低产品的生产成本，就必须制定出有利于企业资源合理配置、提高经济效益的制度。

（3）利润指标简单明了、易于理解，容易被人们所接受。利润可以直接反映企业所创造的价值，在一定程度上反映了经济效益的高低和对社会贡献的大小，利润还是公司补充资本，扩大经营规模的主要源泉之一。

同样也有许多学者认为利润最大化这一目标存在许多缺陷，观点如下：

（1）利润最大化没有考虑获得相同利润所需的时间，即没有考虑资金的时间价值，难以对不同时期获得的利润大小做出判断。

（2）利润最大化不能有效地考虑风险问题，这就可能会使企业管理者不顾风险大小而片面去追求更多的利润。报酬越高，所要承担的风险就越大。片面追求利润最大化，可能导致企业承担过大的风险。

（3）利润最大化不能反映所创造的利润与投入资金之间的对比关系，因而不利于不同规模的企业或同一企业的不同时期之间的比较。

（4）利润最大化没有考虑对企业可持续发展的影响。片面的追求利润可能导致企业出现短期行为，忽视企业应尽的社会责任。

2.4.2.2　股东财富最大化

股东财富最大化是指企业在财务上的合理经营动作，采用最优的财务决策，在充分考虑货币的时间价值和风险报酬的情况下，不断地增加企业财富，从而使股东财富达到最大。在股份制的经济条件下，股东财富由其所拥有的股票数量和股票市场价格两方面来决定，在股票数量一定的条件下，当股票价格达到最高时，股东财富也达到最大。因此股东财富最大化是可以通过股票价格最大化表现出来的。

在利润最大化目标受到严重挑战时，部分学者就借用西方企业的财务管理目标——股东财富最大化来作为我国企业财务管理的目标。在股份制或公司制企业中，以股东最大化目标替代利润最大化目标，确实它有利于克服企业的严重短期行为，有利于正确处理企业的收益和风险的关系、当前利益和长远利益的关系。主要是因为，要实现股东财富最大化这一目标必须要求企业能够持续发展，企业收益持续升，股价稳中有升，股东财富才能达到最大，如果要实现这一点，企业就必须正确处理收益和风险的关系、目前利益和长远利益的关系。股东财富最大化目标可用每股收益、股利支付率等定量性指标来表示。因此它具有货币性、明晰性、可控性特征。

股东财富最大化目标与利润最大化目标相比有其积极的意义：首先，考虑了资金的时间价值和风险价值；其次，在保证企业即期利润的同时关注企业未来的获利能力，能够克服企业在追求利润过程中的短期行为，有利于企业的长期持续。当然股东财富最大化目标也存在一定的缺陷，主要体现为以下几点：

（1）以股东财富最大为目标适用范围比较窄，非公司制、股份制的企业不适合使用该目标。

（2）违背了符合社会主义基本经济规律性和统一性这两个主要特征。社会主义基本经济规律要求全体人民共同富裕，而股东财富最大化则片面追求股东的财富最大化，这不利于充分调动企业经营者和广大员工的积极性，不利于建立企业内部的利益均衡机制。

2.4.2.3　企业价值最大化

针对股东财富最大化目标存在的缺陷，财务理论界又提出了"企业价值最大化"目标。企业价值最大化是指企业通过合理经营运作，采用最优的财务政策，并充分考虑货币的时间价值和风险报酬关系情况下，保证企业长期稳定发展的基础上使企业总价值达到最大。由于企业价值最大化是在充分考虑了资金的时间价值、风险报酬和资金流量情况下对企业资产的影响，因此该目标反映了企业潜在或预期的获利能力。企业的价值并不资产的账面总价值，而是企业全部资产的市场价值。

企业价值的概念已经成为现代财务管理学中的核心概念之一，对它的理解与运用很大程度上来说将会决定一个企业财务管理水平的高低。从财务管理学研究的角度讲，人们需要对投资决策与企业价值之间的相关性、融资决策和企业价值之间的相关性以及股利政策和企业价值之间的相关性进行深入而全面地分析，而进行这种分析的前提和基础便证明了企业价值的性质。事实上，企业管理者与投资者，可以从不同的角度来理解和认识企业价值。因此，人们可以运用多种不同的方法来估算在持续经营状态下的企业价值。自20世纪80年代以来，越来越多的财务管理学界人士以及实务界人士接受了以企业价值最大化作为企业的财务管理目标。

以企业价值最大化作为财务管理目标，其优点表现在以下三个方面：

（1）企业价值最大化作为目标充分考虑了资金的时间价值和投资风险价值，有利于企业统筹安排长期规划、优化合理的投资方案、有效筹措资金等。

（2）企业价值最大化反映了对企业资产保值增值的要求。

（3）企业价值最大化较为有力地克服了管理上的片面性和短期行为，更有利于社会资源的合理配置。

社会资本流向企业价值最大化的企业有利于实现社会效益最大化。因此，企业价值最大化通常被人们认为是现代企业财务管理的最优目标。但是以企业价值最大化作为财务管理的目标同样也存在以下一些不足之处：

（1）首先，股票受各种因素影响。对于股票上市企业，虽然可以通过股票价格的变动揭示企业价值，但是股价是受多种因素影响的结果，特别是在即期市场的股价不一定能够直接解释企业的获利能力，只有长期趋势才能做到这一点。

（2）其次，为了控股或稳定购销的关系，现代企业不少采用了环形持股的方式，相互持股。由于法人股东对股票市场价格的敏感程度远不及个人股东，因此对股价最大化目标没有足够的兴趣。

（3）最后，对于非上市企业，企业价值不能依据股价确定，只有对企业进行专门的评估才能真正确定其价值。而且在评估企业的资产时由于受到评估标准和评估方式的影响，这种股价不易做到客观公正和准确。

2.4.2.4　利益相关者财富最大化

利益相关者财富最大化理论认为，由于社会分工的日益深化与市场竞争的不断加剧，随着企业经营风险的不断增大，风险承担者的范围也随之扩大，由过去的单一股东承担风险，变成了现在的股东、经营者、债权人、职工以及政府等利益相关者共同承担，利益相关者财富最大化就是指上述各方面关系人的利益均达到最大化。由于现代企业是多边契约关系的集合体，企业的生存与发展必须得到其他利益相关者的支持和协作。因此企业在确立财务管理目标时，不能只强调股东价值最大化，而应该兼顾其他利益相关者的权益。该观点认为，利益相关者财富最大化是实现企业社会价值最大化的前提，有利于协调股东与经营者之间的矛盾以及股东与职工、债权人之间的关系。

利益相关者财富最大化目标理论认为，由于利益相关者财富最大化重视了人力资本所有者对企业剩余索取和剩余控制权的要求，从根本上有效激励人力资本所有者，有利于企业的长远发展。同时，企业财务管理的运行目标应该是有利于企业利益相关者整体和社会整体持续发展的，从而可将其定位为利益相关者财富最大化不仅兼顾了企业利益相关者整体和社会整体的利益，而且保障了经济性目标与社会目标的均衡统一。相比于其他三个财务管理目标，利益相关者财富最大化考虑了企业的内外财务关系人、企业的社会价值及企业人力资源的价值，更加注重企业的可持续发展或长期的稳定发展。

2.4.3 筹资管理

企业筹资就是企业根据生产经营、对外投资和调整资本结构等需要，通过一定的筹资渠道，应用一定的筹资方式，经济有效地筹措和集中资本，满足资金需要的财务活动。企业筹资的基本目的就是自身的存在和发展。

2.4.3.1 筹资渠道

我国企业的筹资渠道归纳起来主要有以下 7 种：

（1）政府财政资本，指国家以财政拨款、财政贷款、国有资产入股等形式向企业投入的资金。国家对企业的直接投资是国有企业最主要的资金来源渠道，特别是国有独资企业，其资本全部由国家投资形成。现在国有企业的来源中，其资金部分大多是国家财政以直接拨款方式形成的，从产权关系来看，它们都是属于国家投入的资金，产权归国家所有。

（2）银行信贷资本，指银行贷放给企业使用的资金。银行对企业的各种贷款，是我国目前各类企业最为重要的资金来源。

（3）非银行金融机构资本，指各种从事金融业务的非银行机构，主要是信托投资公司、租赁公司、保险公司、证券公司、企业集团所属的财务公司等。

（4）其他法人资本。企业在生产经营中，往往形成部分暂时闲置的资金，并为一定目的而相互投资，另外企业间的购销业务可以通过商业信用方式来完成，从而形成了企业间的债权债务关系，形成债务人对债权人的短期信用资金的占用。企业间的相互投资和商业信用的存在，使其他企业也成为企业资金的来源。

（5）民间资本。职工和广大居民的货币资本可以对企业进行投资，为企业筹资提供资本来源。

（6）企业内部资本，指企业内部形成的资金，包括从税后利润中提取的盈余公积金和未分配利润等。这些资金的主要特征一是无需通过一定的方式去筹集，二是直接由企业内部自动生成或转移。

（7）国外和我国港澳台资本，指国外投资者以及我国香港、澳门、台湾投资者投入的资金。

2.4.3.2 筹资方式

筹资方式是指企业筹集资金的具体形式,目前我国的筹资方式有:

(1)吸收直接投资,是指企业按照"共同投资、共同经营、共担风险、共享利润"的原则来吸收国家、法人、个人、外商投入资金的一种筹资方式。该筹资方式不以股票为媒介,适用于非股份制企业,是非股份制企业取得权益资本的基本方式。

(2)发行股票筹资,是指股份制公司按照公司章程依法发售股票直接筹资,形成公司股本的一种筹资方式。发行股票筹资要以股票为媒介,仅适用于股份制公司,是股份制公司取得权益资本的基本方式。

(3)商业信用筹资,是商业企业通过欠账、期票、商业承兑票据进行商品的赊销或预收账款等交易行为的一种短期筹资方式。该筹资方式的最大优势在于容易取得,不利因素在于筹资成本高并且受外部影响大。

(4)银行贷款,指各类企业按照贷款合同向银行贷款以筹集所需资金的筹资方式。该方式的申请比较困难,需要有详细的可行性研究报告和财务报表,利率较高,但是银行贷款的风险适中且不涉及税务问题。

(5)发行债权,指企业按照债券发行协议通过发售债券来筹集资金的一种筹资方式,其优点在于筹资对象广、市场大。缺点在于筹资成本高、风险大、限制条件多。

(6)融资租赁,指出租人根据承租人(用户)的请求,与第三方(供货商)订立供货合同,根据此合同,出租人出资向供货商购买承租人选定的设备。同时,出租人与承租人订立一项租赁合同,将设备出租给承租人,并向承租人收取一定的租金。是目前国际上最普遍、最基本的非银行金融形式。该筹资方式具有风险小、租赁期长、限制条件少、获取资产快等优势,同时也存在一定的缺点,该筹资方式的成本较高,租金总额通常都要高于设备价值的30%。

2.4.3.3 筹资数量预测

资本需要量预测的基本依据分别为:法律依据、企业经营规模依据以及其他因素。其中法律依据是指企业注册资本的额规定以及企业负债限额的规定，其他因素包括利率的高低、对外投资的状况以及企业信用等。企业筹资数量预测的方法主要有以下几种：

（1）因素分析法：以有关资本项目上年度的实际需要量为基础，根据预测年度生产经营任务和加速资本周转的要求进行分析调整，预测资本需要量的方法。这种方法虽然计算方便简单但是精度较差，实际使用的较少。

（2）销售百分比法：根据销售收入与资产负债表和利润表有关项目比率关系确定短期资本数量的方法。主要步骤包括：编制预计利润表并预测留用利润，编制预计资产负债表并预测外部筹资额。

（3）线性回归分析法：又称资金习性预测法，是根据企业资金习性来确定在未来的一年内应筹集短期资本数量的方法。具体步骤包括：首先利用企业的固定资本和变动资本建立企业基本预测模型，然后计算预测期企业全部资本的需要量，用预测期的资产需要量减去现有的总资本数量便是企业需要筹集的资本数量。

2.4.4　流动资产管理

流动资产是指能够在一年或超过一年的一个营业周期内变现的资产，一般为现金、短期投资、应收账款、预付账款等。根据流动性的强弱还可以分为速动资产和非速动资产。具有周转速度快，变现能力强以及获利能力强、投资风险小的特点。

2.4.4.1　现金管理

1. 定义与目标

现金是指企业占用在各种货币形态上的资产，包括库存现金、银行存款以及其他货币资金。现金管理的目标是在现金的流动性和收益性之间作出合理的选择，即在保证企业高效、高质地开展经营活动的情况下，尽可能地保持最低现金占有量。现金预算是基于现金管理的目标，运用一定的方法，依托企业未来的发展规划，在充分调查与分析各种现金收支影响因素的基础上，合理估测企业未来一定时期的现金收支情况，并对预期差异进行控制的方法体系。

2. 持有现金的动机

（1）交易动机。交易动机是指持有现金来满足企业与交易相关的正常性收支活动。现金的收入一般来源于企业经营过程中的销售、资产的出售和新的融资活动等；现金的支出包括支付工资、偿还债务、缴纳税款和派发股利等。由于现金的流入和流出并不是完全同步的，因此持有一定数额的现金作为缓冲是很有必要的，如果企业保持的现金余额过小，就可能出现现金耗尽的现象。在这种情况下，企业则只好出售有价证券或是通过借贷来满足现金需要，而该行为则会带来一定的交易成本。

（2）预防动机。预防动机是指为了应付自然灾害、生产事故、意外发生的财务困难等原因而持有的现金。公司的现金流量受市场情况和公司的自身经营状况影响较大，一般很难被准确预测，因此，公司必须在正常的现金需要量基础上追加一定数量的现金以防不时之需。持有一定数量的预防现金可以减少公司的财务风险。

（3）投机动机。投机动机是指企业在证券市场价格剧烈波动时，进行证券投机所需要的现金、为了能随时购买到偶然出现的廉价原材料或资产而准备的现金等。投机是为了获利，同时也会承担较大的风险，所以公司应当在正常的现金需要量基础上追加一定数量的投机性现金余额，而不能用公司正常的交易活动所需的现金进行投机活动。投机性现金的持有量主要取决于公司对待投机的态度以及公司在市场上的投机机会大小。

3. 最佳现金持有量的确定

（1）成本分析模型。该模型如图 2-10 所示，先分别计算出各种方案的机会成本、管理成本、短缺成本之和，再从中选出总成本之和最低的现金持有量，即为最佳现金持有量。机会成本一般指企业持有一定数额的现金所放弃的、将这些现金用于其他投资项目上所能获得的收益。管理成本是指企业持有现金会发生的管理费用。短缺成本是指企业因缺乏必要的现金不能满足业务开支所需，而使企业蒙受的损失或为此付出的代价。

（2）鲍莫尔模型（存货模型）。该模型是由威廉·鲍莫尔提出的将机会成本与交易成本结合在一起的现金管理模型（如图 2-11 所示），该模型将交易成本和机会成本之和的总成本的最低点作为最佳现金余额点，但是该模型存在一定的局

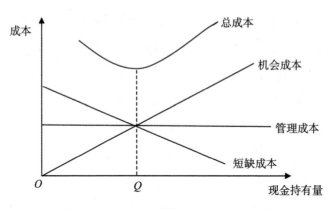

图 2-10　成本分析模式下最佳现金持有量

限性：首先该模型假设企业的支出率不变。其次该模型假设计划期内未发生现金收入。事实上绝大多数企业在每一个工作日内都将既发生现金流入也发生现金流出。最后是该模型未考虑安全现金库存，而为了降低现金短缺或耗尽的可能性，企业极有可能拥有一个安全现金库存。

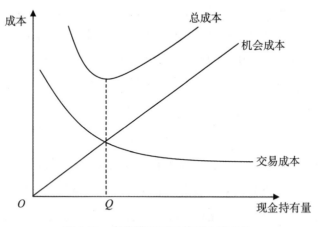

图 2-11　存货模型下最佳现金持有量

（3）因素分析模型。因素分析模型是根据上年现金实际占用额以及本年有关因素的变动情况，对不合理的现金占用进行调整，从而确定目标现金持有量的一种方法。这种方法在实际工作中具有较强的实用性，而且比较简单易行。一般来说现金持有量与公司的销售收入呈正比的关系，销售收入增加，公司的现金需要量就会随之增加。因此因素分析模型的计算公式为：

目标现金金额＝（上年现金平均占用额–不合理占用额）×（1±预计销售收入变动的百分比）

（4）现金周转模型。现金周转模型是根据现金周转期来确定最佳现金持有量的方法。现金周转期是指从现金投入生产经营活动开始，经过生产经营过程，最终又转化为现金所需要的时间。在公司的全年现金总需求量一定的情况下，如果现金周转期越短，则公司的现金持有量就越小。利用现金周转模型计算目标现金持有量的公式如下：

现金周转期＝应收账款周转期–应付账款周转期＋存货周转期

目标现金持有量＝（年现金需求总量÷360）×现金周转期

4. 现金的收支日常管理

（1）加速收款。加速收款是指缩短应收账款的时间，公司的收款过程一般包括客户开出支票、公司收到支票、银行清算支票三个阶段。为了缩短从客户寄出账款到现金收入公司账户这一过程的时间，公司可以设立多个战略性收款中心来替代通常在公司总部设立单一收款中心以加速账款回收，但是该方法会导致更多的花费以及闲置的资金，企业可以综合评估后进行决策。除此之外公司还可以通过承租多个邮政信箱以缩短从收到客户付款到存入当地银行所需要的时间。

（2）付款控制。付款控制的主要任务就是在合理合法不损害公司利益的情况下尽可能地延缓现金的支出时间，比如可以通过合理地运用现金浮游量来控制账款的支付时间。现金浮游量是指从企业开出支票、收票人收到支票并存入银行，至银行将款项划出企业账户中间需要的一段时间。在这段时间里，尽管企业已开出来支票，却仍可动用在活期存款账户上的这笔资金，利用现金浮游量需要准确把握时间以防出现银行存款投资的现象。

2.4.4.2　应收账款管理

1. 应收账款形成原因

（1）结算原因。公司之间的距离和结算过程导致商品交易在销货和收款时间上不一致，从而形成应收账款，而这种原因发生的应收账款不是由于购销双方根据信用协议规定而产生的。从本质上讲，这是真正的应收账款，它是由结算过程的时间差引起的，不应称为商业信用。

（2）减少存货。赊销促进了产品销售，自然就减少了公司库存产品的数量，加快了公司存货的周转速度，而且公司的应收账款所发生的管理费用相对于存货要低，因此公司通过赊销的方式将产品销售出去，资产由存货形态转化为应收账款形态，节约了公司的费用支出。

（3）传递有用信息。公司愿意将货物赊销给买方，就相当于一份质量保证书，向外界传递关于产品质量的正面信号。一般而言，产品质量合格，买方就会按期付款，产品质量不合格，买方就会拒绝付款并退货。与附送产品质量书来对产品作担保相比，该方式避免了发现质量问题而退款的麻烦。

2. 应收账款相关成本

（1）机会成本。应收账款的机会成本是指公司的资金因占用在应收账款上而丧失的其他投资收益，如投资于有价证券的利息收益等。机会成本的大小与公司应收账款占用资金的数量密切相关，占用的资金数量越大，机会成本越高。这种机会成本一般按照有价证券的利息率来计算。其计算公式为：

$$应收账款机会成本 = 应收账款平均资金占用额 \times 资金成本率$$

$$应收账款平均资金占用额 = 赊销收入净额 \div 应收账款周转率$$

$$应收账款周转率 = 360 \div 应收账款的平均收账期$$

（2）管理成本。应收账款的管理成本主要是指公司对应收账款进行管理所发生的费用支出。主要包括：对客户的资信调查费用、收集各种信息的费用、应收账款账簿记录费用、催收账款发生的费用以及其他相关费用等。

（3）坏账成本。应收账款的坏账成本是指由于应收账款无法收回而给公司造成的经济损失。商业信用难免会产生坏账损失。这种成本的大小一般与公司的信用政策有关，并且与应收账款的数量成正比。一般来说，严格的信用政策产生坏账的概率比较小，过于宽松的信用政策比较容易产生坏账。

（4）短缺成本。应收账款的短缺成本是指公司没有向一些信用好的客户提供信用，从而使这些客户转向其他公司而引起的销售收入的下降。这种潜在的销售收入的下降也是一种成本。

3. 应收账款信用政策

（1）信用标准。信用标准是客户获得企业的交易信用所具备的最低条件，一般采用 5C 评估法或者信用评分法。其中信用评分法则是先对一系列财务比率和信用情况指标进行评分，然后进行加权平均，最后得出客户综合的信用分数来进行信用标准的制定。而 5C 评分法则是通过对客户 5 个方面进行分析的一种信用标准，其中 5 个判断标准分别为：

①品德（Character）：指顾客或客户履约或违约的可能性，是评估顾客信用品质的首要指标，品质是应收账款的回收速度和回收数额的决定因素。因为每一笔信用交易都隐含了客户对公司的付款承诺，如果客户没有付款的诚意，则该应收账款的风险势必加大。品质直接决定了应收账款的回收速度和回收数额，因而一般认为品德是信用评估最为重要的因素。

②能力（Capacity）：指顾客或客户偿债能力，即其流动资产的数量和质量以及与流动负债的比例，其判断依据通常是客户的偿债记录、经营手段以及对客户工厂和公司经营方式所做的实际调查。

③资本（Capital）：指顾客或客户的财务实力和财务状况，表明顾客可能偿还债务的背景，如负债比率、流动比率、速动比率、有形资产净值等财务指标等。

④抵押品（Collateral）：指顾客或客户拒付款项或无力支付款项时能被用作抵押的资产，一旦收不到这些顾客的款项，便以抵押品抵补，这对于首次交易或信用状况有争议的顾客或客户尤为重要。

⑤条件（Condition）：指可能影响顾客或客户付款能力的经济环境，如顾客或客户在困难时期的付款历史、顾客或客户在经济不景气情况下的付款可能。

（2）信用条件。信用条件是企业接受客户信用订单时所提出的付款要求，基本表现形式为"2/10，N/30"，表明若顾客能在发票开出后的 10 日内付款，可以享受 2%的现金折扣；如果放弃折扣优惠则必须在 30 日内还清所有款项。信用条件一般包括以下三方面：

①信用期限：企业产品销售量与信用期限之间存在着一定的依存关系，通常延长信用期限就可以在一定程度上增大销售量从而增加毛利；但不适当地延长信用期限就会给公司带来不良后果，比如：使平均收账期延长，占用在应收账款上的资金相应增加，引起机会成本增加，此外还可能引起坏账损失的增加。因此公

司必须权衡延长信用期限所引起的利弊得失，以便做出正确的决策。

②现金折扣：现金折扣使企业对顾客在商品价格上所做的扣减。向顾客提供这种价格上的优惠主要目的在于吸引顾客为享受优惠而提前付款，缩短企业的平均收款期，以及扩大销售额等，同时现金折扣会给企业带来一定的收益损失，因此当企业给予顾客某种现金折扣时，应当考虑折扣所能带来的收益与成本孰高孰低，权衡利弊再做决策。

③折扣期限：折扣期限是指企业给予顾客现金折扣所持续的时间，折扣期限过短，不足以吸引顾客，在竞争中的销售额下降；折扣时间过长，会产生更多的成本费用，最终造成利润的减少，因此企业需要确定合理的折扣期限，在保证销售额增加的情况下尽可能地减少成本的增加。

（3）收账政策。收账政策是指当客户违反信用条件，拖欠甚至拒付账款时所采取的收账策略与措施，它是企业整个信用政策实施过程的一个有机组成部分。在组织账款催收时，企业必须权衡增加收账费用与减少坏账损失之间的关系，收账政策过宽会扩大产品的销售，增强企业的竞争力，同时也会增加收账费用，增加应收账款的资金占用；收账政策过严会减少坏账损失和应收账款的资金占用但是会减少未来的销售和利润。因此企业需要权衡二者之间的关系，由图 2-12 可以看到二者并非线性关系，且收账费用有个饱和点。

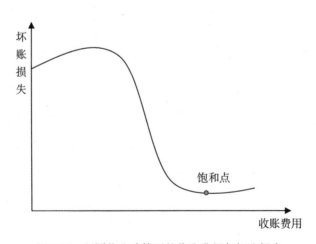

图 2-12　不同收账政策下的收账费用与坏账损失

4. 应收账款的日常管理

（1）应收账款投资的控制。首先在客户的选择上，积极展开信用调查和信用评估，即收集和整理反映客户信用状况有关资料，并利用定性和定量的评分方法对客户进行评分，选择加权评分最高的客户进行应收账款的投资。其次在销售合同上，条款应尽量完善，违约责任描述得尽可能详尽，为日后的诉讼提供法律凭据。最后还应严格落实应收账款的催收责任制，防止销售人员片面追求完成销售任务而强销盲销，销售人员应该是应收账款催收的第一责任人，每个销售人员必须对每一项销售任务从签订合同到收回资金的全过程负责，业务主管对此承担连带责任。

（2）应收账款账龄分析。账龄分析是将所有赊销客户的应收账款的实际归还期编制成表格的形式，汇总反映其信用分类、账龄、比重、损失金额的百分比。一般来说，应收账款账龄越长，其催收难度越大，催回的可能性也越小。因此做好应收账款的账龄分析工作显得尤为重要。

（3）跟踪、监控应收账款工作。密切关注客户动态，尽早地发现客户在资金、经营或产权方面所出现的重大变化或即将发生的一些征兆和迹象，一旦客户出现经营困难或支付不足的现象，应立即采取行动催缴欠款或提起诉讼。

2.4.4.3　存货管理

1. 持有存货的原因

（1）保证生产的正常进行。必要的原材料、在产品、半成品是公司正常生产的前提和保障，为了避免生产或销售应物质的短缺而出现停顿，造成一定的损失，企业必须拥有一定量的存货。

（2）满足市场销售需求。在现实经济生活中，经常会出现某种商品热销，供不应求，但是由于公司没有一定数量的商品储备最终影响了销售。存货一定程度上减少了该现象带来的损失。

（3）保险储备的需要。市场经济存在许多的不确定性，如原材料供应紧张或持续上涨、通货膨胀等，这些不确定因素增加了公司的经营风险。为了防止意外，企业应当在存货储备上留有余地，建立一定数量的保险储备，以备不时之需。

（4）降低成本。一般来说，货物的批量购买可以获得不同程度的优惠。为了降低采购成本，获得采购的批量折扣优惠，公司往往会一次或分次进行大批量采购，因此备有一定量的存货。

2. 存货成本的构成

（1）订货成本。订货成本是公司为组织订购存货而发生的各种费用支出，如为订货而发生的差旅费、邮资、通信费、专设采购机构的经费等。一般被分为变动性订货成本和固定性订货成本，订货成本一般等于订货的固定成本加上每次订货的变动成本乘以订货的次数。

（2）购置成本。购置成本是存货成本的主要组成部分，它是指存货本身的买价和运杂费等。购置成本一般与采购数量成正比，它等于采购数量与单位采购成本的乘积。在存货市价稳定的情况下，如果一定时期的存货总需求量固定，则存货的总采购成本也是固定的，与采购批数及每批的采购量无关。

（3）储存成本。储存成本是公司为储存存货而发生的各种费用支出，包括仓储费、保管费、搬运费、保险费、存货占用资金支付的利息费、存货残损和变质损失等。存货的储存成本也分为变动性储存成本和固定性储存成本。变动性储存成本与储存存货的数量成正比，如存货占用资金支付的利息费、存货残损和变质损失等；固定性储存成本与存货的储存数量无关，如仓库折旧费、仓库保管人员的固定月工资等。储存成本在计算时一般用固定储存成本费加上年平均存货数量乘以年储存成本。

（4）缺货成本。缺货成本是由于存货储备不足而给公司造成的损失，如原材料储备不足造成的停工损失、商品储备不足造成销售中断的损失等。

3. 存货最佳经济批量确定

（1）经济批量基本模型。经济批量是指使公司存货的总成本最低的每批订货数量，也称为最佳订货量。经济订货批量基本模型需要建立如下假设：

①公司能够随时补充存货；

②每批存货均能集中到达；

③不存在缺货的现象；

④全年需求量稳定且能预测；

⑤存货单价不变且无折扣；

⑥公司现金充足，不会因为现金短缺而影响进货；

⑦市场货源充足。

根据存货成本的构成，可以得到存货的总成本为：

$$T = \frac{D}{Q}K + F_1 + DP + \frac{Q}{2}C + F_2$$

其中 D 为需求量，Q 为订货批量，K 为每次的订货费，F_1 和 F_2 为固定成本，P 为订货价格，C 为单位存货的年存储成本。根据假设可知 F_1，F_2，D，P，C 均为常量，因此 T 的大小取决于 Q，通过求导可以得到最优的经济订货批量为：

$$Q^* = \sqrt{\frac{2KD}{C}}$$

（2）存在价格折扣的经济订货批量。该情况下的经济订货批量除了考虑订货成本和储存成本外，还应考虑购置成本，因此存货的总成本为：

$$T = \frac{D}{Q}K + F_1 + DP(1 - 折扣率) + \frac{Q}{2}C + F_2$$

当存在价格折扣时，确定经济批量的步骤为：

①确定无商业折扣条件下的经济批量和存货相关总成本。

②按照不同数量折扣的不同优惠价格，计算不同折扣起点数量订货的相关总成本。

③比较不考虑数量折扣的经济订货量与各折扣起点订货量下的存货总成本，其中总成本最低的批量就是最佳订货量。

（3）存在缺货情况下的经济订货批量。允许缺货的情况下，经济订货批量就是使订货成本、储存成本以及缺货成本总和最低的批量，假设平均缺货量为 S，单位缺货成本为 R，则：

$$S = Q \times C/(C + R)$$

$$Q = \sqrt{\frac{2KD}{C}} \times \sqrt{\frac{C + R}{R}}$$

（4）存货陆续供应时的经济订货批量。在基本模型的假设中，我们假设每批货物均能集中到达，但事实上各批存货可能是陆续入库，存量陆续增加的。此时需要对模型进行相应的修改。假设每日耗用存货数量为 Y，每日到达存货数量为 X，则：

$$T = \frac{D}{Q}K + F_1 + DP + \frac{Q}{2}C\left(1 - \frac{Y}{X}\right) + F_2$$

$$Q^* = \sqrt{\frac{2KD}{C\left(1 - \dfrac{Y}{X}\right)}}$$

4. 存货的日常管理

（1）存货的归口分级管理。成本归口分级管理又称为成本管理责任制，是在企业总部的集中领导下，按照费用发生的情况，将成本计划指标进行分解，并分别下达到有关部门、车间和班组以便明确责任，把成本管理纳入岗位责任制。其目的是要进行全过程、全员性的成本费用管理，使成本费用管理人员可以监测到企业生产经营过程中的成本消耗，同时使生产技术人员可以参与到企业的成本费用管理之中。

（2）ABC 分类管理。ABC 分类管理就是按照一定的标准，将企业的存货划分为 A、B、C 三类，分别实行按品种重点管理、按类别一般控制和按总额灵活掌握的存货管理方法，分类的标准有两项，分别为金额和品种数量。A 类存货的特点是金额巨大，但是品种数量较少；B 类存货金额一般，品种数量相对较多；C 类存货品种数量繁多，但价值金额较少。因此对于 A 类存货应集中主要精力，认真规划经济批量，实施严格控制；对于 B 类存货可以根据实际情况采取灵活措施；C 类存货则可以凭经验确定进货量。

（3）JIT 管理。是一种准时制生产方式，又称为无库存生产方式，其目的是减少甚至消除从原材料的投入到产成品的产出全过程的存货，建立起平滑而更有效的生产流程。在 JIT 体系下，产品完工时正好是要运输给顾客的时候，材料、零部件到达某一生产工序时正好是该工序准备开始生产的时候。没有任何不需要的材料被采购入库，没有任何不需要的产成品被加工出来，所有的"存货"都在生产线上，以此来达到最低的库存水平。

2.4.5　销售收入与利润管理

2.4.5.1　销售收入的概念与分类

销售收入是销售商品产品、自制半成品或提供劳务等所收到的货款、劳务价款或取得价款凭证时所确认的收入；也可以被定义为企业在销售商品、提供劳务及让渡资产使用权等日常活动中所形成的经济利益的总流入。

销售收入按比重和业务的主次及经常性情况，一般可分为主营业务收入和其他业务收入。主营业务收入指企业从事某种主要生产、经营活动所取得的营业收入。简单地说，就是企业工商营业执照中注册的主营和兼营的项目内容。其他业务收入是指企业除商品销售外的其他销售及其他业务所取得的收入，它包括材料销售、技术转让、代购代销、固定资产出租、包装物出租、运输等非工业性劳务收入。

2.4.5.2　销售收入管理的意义

销售收入是企业经营成果的货币表现，也是一项重要的财务指标。有计划地组织企业的生产经营活动、及时取得商品销售收入和劳务收入、加强企业的收入管理，对于整个企业和国民经济都具有非常重要的意义。进行销售管理的意义一般可以概括为以下几点：

（1）销售收入是企业补偿耗费、持续经营的基本前提。

（2）销售收入是衡量企业一定时期生产经营成果的重要指标。

（3）销售收入的取得是企业现金流入、加速资金周转的重要环节。

（4）销售收入是企业实现利润、分配利润的主要源泉。

2.4.5.3　销售收入管理

1. 销售收入预测

销售收入预测是指企业根据销售情况，结合对市场未来需求的调查，运用科学的方法，对未来时期产品的销售量和销售收入所进行的测算和推断。一般分为定性分析和定量分析两种，定性分析主要有意见汇集法和德尔菲法，定量分析主要有以下三种。

（1）时间序列法。时间序列法是按照时间的顺序，通过对过去几期实际数据的计算分析，确定计划期产品销售收入的预测值。可分为简单移动平均法、加权移动平均法和指数平滑法。一般情况下，生产和销售带有季节性的企业会采用简单移动平均法。产销比较均衡或产销逐渐上升的企业会取前几年的数字为基准，采用加权移动平均法。加权移动平均法的计算公式为：

$$计划期预测销售量 = \frac{\sum (各时期实际销售量 \times 各该时期的权数)}{\sum 权数}$$

（2）回归分析法。回归分析预测法是在分析自变量和因变量之间相关关系的基础上，建立变量之间的回归方程，并将回归方程作为预测模型，根据自变量在预测期的数量变化来预测因变量在预测期的变化结果的预测方法。回归分析预测法是通过发现某些对预测结果有重要影响的因素进行分析，找到应变量和自变量之间的因果关系，从而推测预测对象随自变量而发生变化的数值。因此，回归分析预测法也称为因果分析法。其基本模型如下所示：

$$y = a + bx$$

其中，y 是因变量，x 是自变量，a 是特定常数，b 代表自变量 x 对销售收入 y 影响的程度。

（3）本量利分析法。本量利分析也称为保本点分析，是成本−产量−利润依存关系分析的简称，也称为 CVP（Cost-Volume-Profit）分析，它是指在成本习性分析的基础上运用数学模型和图示，对成本、利润、业务量与单价等因素之间的依存关系进行具体的分析，研究其变动的规律性，以便为企业进行经营决策和目标控制提供有效信息的一种方法。计算公式如下：

$$保本点销售量 = \frac{固定成本总额}{单位售价(1 - 税率) - 单位变动成本}$$

$$保本点销售收入 = \frac{固定成本总额}{1 - 税率 - \dfrac{单位变动成本}{单位售价}}$$

2. 销售收入的日常管理

（1）认真执行销售合同，监督发出商品计划的编制和执行。加强销售合同的管理，及时签订销售合同，可以使销售计划进一步具体化。销售合同是企业与其他单位之间进行商品销售活动而签订的具有法律效力的契约。购销双方都严格执行经济合同，有利于购销活动的正常进行。因此，企业财务部门应协助销售部门，组织好销售合同的签订和执行，并对合同的内容进行审查。

（2）及时办理阶段，尽快取得销售货款。加强营业收入的结算，保证营业收入的质量企业销售商品后，财务管理人员应根据商品的销售方式和客户的具体情况，采用适当的结算方式，及时办理结算，尽快收回货款，尽可能减少资金在结算期内被客户长期无偿占用，提高资金的周转速度和使用效益。财务管理人员应定期进行应收账款的账龄分析，对超过一定期间的应收账款应查明原因，采取措施，使各方面损失达到最小。

（3）搞好售后服务，掌握市场反馈的信息。建立良好的客户关系管理系统，做好销售服务工作，对用户负责，提高服务满意度，是企业的基本职责，也是企业开拓产品市场，提高企业竞争能力的重要手段，是提高企业信誉的一项有力措施。企业售后服务包括送货、安装、调试、退换和修理等许多方面，完善的售后服务可以解除客户的后顾之忧，不但可以巩固现有市场，也可以此招揽新的客户，提高企业市场占有率。

2.4.5.4　利润的概念与组成

利润是企业在一定会计期间的经营成果，是最终的财务成果，是衡量企业生产经营管理的重要综合指标。企业的利润总额一般包括营业利润、投资净收益、补贴收入和营业外收支净额四个部分。

1. 营业利润

营业利润是企业的在一定会计期间内从事生产经营活动所取得利润，是企业利润总额的主要来源。其计算公式如下：

$$营业利润=主营业务利润+其他业务利润-期间费用$$

$$主营业务利润=主营业务收入-主营业务成本-主营业务税金及附加$$

$$其他业务利润=其他业务收入-其他业务支出$$

期间费用是指企业本期发生的，不能计入产品成本，而直接计入当期损益的各项费用，包括营业费用、管理费用和财务费用。

2. 投资净收益

投资净利润是指企业对外投资所取得的收益减去发生的投资损失和计提的投资减值准备后的余额。投资收益包括对外投资取得的利润、股利、股票溢价收入、债券利息等。投资损失包括对外投资应分摊的损失、股价折价损失、债券折价损失等。计算公式为：

$$投资净收益=投资收益-投资损失-投资减值准备$$

3. 补贴收入

补贴收入是指企业按规定实际收到退还的增值税，或按销量或工作量等依据国家规定的补助定额计算并按期给予的定额补贴及属于国家财政扶持的领域而给予的其他形式的补贴。

4. 营业外收支净额

营业外收支净额是指营业外收入减去营业外支出后的余额。营业外收入是相对于企业的营业收入而言，它是指企业发生的与其生产经营活动无直接关系的各项收入，如资产的盘盈、罚金收入、无法支付的应付账款等。营业外支出是相对于经营耗费支出而言，它是指企业发生的与其生产经营活动无直接关系的各项支出，如资产的盘亏、罚金支出等。

2.4.5.5　利润管理的意义

利润是衡量企业生产经营水平的一项综合性指标，是国家财政收入的重要来源，是实现财务目标的基础，也是企业扩大再生产的资金保障，是投资者和债权人可以依赖的重要信息，因此在利润管理中要树立正确的盈利观念，不断提高盈利水平；实行利润目标分管责任制，保证利润目标的完成；严格执行有关财政法规，正确进行利润分配。进行利润管理的意义可以概括为以下几点：

（1）利润管理可以更好地反映企业的经济效益。

（2）利润管理可以为政策法规的制定提供借鉴和参考。

（3）利润管理可作为向外界传递有用信息的工具。

（4）利润管理有利于不断促进企业改变目标战略。

2.4.5.6　利润分配管理

1. 利润分配政策

（1）利润分配政策的意义。在企业利润有限的情况下，如何解决好留存于分红的比例是处理短期利益于长期利益、企业与股东等关系的关键。正确的税后利润分配政策对企业具有特别重要的意义。首先，分配政策在一定程度上决定企业对外再筹资能力，其次分配政策在一定程度上决定企业市场价值的大小。

（2）股利政策。股利政策受多方面因素的影响，合理确定股利政策就是在综合考虑多方面因素之后在各种股利政策中做出正确的选择。而股份公司采用的股利政策通常有以下几种类型：

①剩余股利政策。剩余股利政策是指企业在有良好的投资机会时（即投资机会的预期报酬率高于股东要求的必要报酬率时），根据目标资本结构的要求，将税后净利首先用于满足投资所需要的权益资本，然后将剩余的净利润再用于股利分配。

②固定股利政策。固定股利政策是指企业在较长时期内都将支付固定的股利额，股利不随经营状况的变化而变动。只有当企业预期未来收益将会有显著的、不可逆转的增长时，才会提高股利发放额。

③固定股利支付比率政策。固定股利支付比率政策是指企业每年不是按固定的股利支付额，而是按固定的股利支付比例从净利润中支付股利。在这种股利政策下，由于企业的盈利能力是经常变动的，因此当盈利状况好时，股东股利也相应地增加；反之，当盈利状况不好时，股东股利也会相应地下降。

④低正常股息加额外股息政策。这一政策要求在一般情况下，企业每年只支付数额较低的股息。在企业经营业绩非常好时，除定期股息外加付额外股息。这一政策的优点是：定期股息可消除投资者内心的不确定性，额外股息增加股东对企业的信心，同时给企业比较大的弹性。

2. 利润分配程序

（1）依法上缴所得税。企业的利润首先要依据国家税法，按规定的税率上缴所得税，这是利润分配的第一层次。企业所得税从企业的利润总额中扣除，是一项重要的现金流出，对企业营运资本的周转和利润分配政策的制定具有很大的影响。

（2）弥补以前年度亏损。如果企业的亏损较大，用税前利润在五年的期限内抵补不完，就转由企业税后利润弥补，以确保企业简单生产的进行，并为扩大再生产创造条件。

（3）提取法定公积金。我国财务制度规定，无论何种企业，税后净利润在扣除上述项目后都必须按10%计提该项公积金，故称之为法定盈余公积金。但若企业的公积金达到注册资本的50%后可以不再提取。发放盈余公积金可用于弥补亏损或转增资本金。但企业用盈余基金转增资本金后，法定盈余公积金的余额不得低于注册资本的25%。

（4）提取公益金。公益金是企业在税后利润中计提的用于购置或建造职工计提福利设施的资金。企业的公益金应该在提取法定盈余公积金以后、支付优先股股利以前计提，其提取比例或金额可由企业章程规定，或优股东会议决议确定。国家有关法规规定了提取比例的，应按其规定。

（5）向投资者分配利润。企业在弥补亏损、提留公积金以后，才能向所有者分配利润。净利润扣除上述项目后，再加上以前年度的未分配利润，即为可供向投资者分配的利润。向投资者分配利润应以各投资者投资额的数额为依据，每个投资者分得的利润与其投资额成正比。股份有限企业原则上应从累计盈利中分派股利，无盈利不得支付股利，即无利不分。但企业用盈余公积金抵补亏损后，为维护其股票信誉，经股东大会特别决议，也可用盈余公积金支付股利。但这样支付股利后留存的法定盈余公积金，不得低于注册资本的25%。

2.5 生产运作管理

2.5.1 概述

生产运作活动就是把资源要素（投入）变换成有形产品和无形服务（产出）的过程，是一个实体组织通过获取和利用各种资源向社会提供有用产品和服务的过程。生产运作管理是设计、运行和不断改进生产系统（及供应链），以创造出具有竞争优势的产品和服务的管理过程，它的两大任务分别为生产运作活动的计划、组织与控制以及生产运作系统的设计、改造与升级。

2.5.2 生产运作的分类

2.5.2.1 制造型生产和服务型生产

1. 制造型生产

（1）连续型生产和离散型生产。连续型生产是物料均匀、连续地按一定工艺顺序移动，并不断高边形态和性能，最后形成产品的生产。连续型生产的地理位置比较集中，生产过程自动化程度高容易控制。离散型生产是指物料离散地按一定工艺顺序移动，在移动中不断改变形态和性能，最后形成产品。离散型生产零件种类繁多，工艺多样化，容易出现等待、停顿、延误现象，管理复杂。

两种类型的生产在产品性质上的差异如表 2-2 所示。可以发现连续型生产一般生产标准化程度比较高的产品，该产品的品种数量少，顾客定制程度低，因此在连续型生产中设备维护是一项关键职能，生产能力很容易根据关键设备的生产能力清楚地确定，由于资本密集的性质，生产能力的充分利用是生产计划的主要目标。而离散型生产则正好相反，如何协调各项原材料、零部件和人力的投入和产出时间及数量在作业计划中是一件困难的事。其年度生产作业计划较粗，重点是编制好季度和月度的生产作业计划。

表 2-2　　　　　　　连续型产品和离散型产品在产品性质的主要区别

主要特征	生产类型	
	连续型	离散型
产品标准化程度	高	低
产品品种数量	少	多
按顾客要求定制程度	低	高

（2）备货型生产和订货型生产。备货型生产和订货型生产是按产品根据顾客要求定制的程度进行划分的。备货型生产是指在对市场需求预测的基础上，有计划地生产出完工产品存货，以存货供应顾客，产成品存货是其最显著的特点。其产品的顾客定制程度很低，通常是标准化、大批量地生产。为防止产成品的积压或脱销，其生产管理的重点是按"量"组织生产过程中各环节之间的平衡。

订货型生产是指在收到顾客的订单之后，才按顾客的具体要求组织生产，进行设计、采购、制造和发货工作。可以进一步按顾客定制的深度划分为：按订单装配、按订单制造、按订单设计制造。这种生产方式管理的重点在于按"期"组织生产，缩短设计周期和专用零部件的采购周期，提高零部件的标准化和通用化水平，减少零件品种数量。

连续型生产一般为备货型满足客户需求，离散型生产既可能是进行备以满足客户需求，也可能按客户订货来生产。

2. 服务型生产

服务型生产又称非制造型生产，它的基本特征是提供劳务而不是制造有形产品，一般具有以下四种特点：

（1）服务型生产的输出是无形的，生产效率难以测量。

（2）服务型生产的质量标准难以建立，服务质量难以评价。

（3）服务型生产的生产过程难以控制，往往导致效率降低。

（4）纯服务性生产不能通过库存调节。

3. 两者的区别

制造型生产和服务型生产之间的区别如表 2-3 所示。两者的区别主要在于产品的类型，以及产品是否可以存储，顾客与生产系统的接触情况等方面。

表 2-3　　　　　　　　　　**制造型生产和服务型生产的区别**

制造型生产	服务型生产
产品是有形的、耐久的	产品是无形的、不耐久的
生产与消费分离	生产与消费同步
产出可储存	产出不可储存
顾客与生产系统接触少	顾客与生产系统接触频繁
质量相对易于度量	质量难以度量

2.5.2.2　单件生产、成批生产和大量生产

根据产品生产的重复程度和工作地的专业化程度，可以把生产方式分为大量生产、成批生产和单件生产类型。

1. 大量生产

大量生产的特点在于生产的产品品种单一、产量大，生产重复程度高且生产条件稳定，专业化水平高。其优点可以总结为以下几点：

（1）设计方面：简便、标准、工作量小。

（2）工艺方面：有利于编制详细的工艺规程，提高工艺的先进性。

（3）生产组织方面：精细分工，专业化水平高，易于采用专用高效设备，机械化、自动化水平高。

（4）生产管理方面：有利于相对集中的生产管理模式，例行管理多，例外管理少，计划调度简单，人员易熟悉加工工艺与技术，有利于机器设备的充分利用。

2. 成批生产

成批生产是介于大量生产和单件生产之间，生产的产品品种较多，每个品种都有一定的批量，生产有一定的重复性。成批生产的范围很广，通常分为大批、中批和小批生产。其优点主要有三点：

（1）工作地或设备的有效工作时间短。

（2）机械化、自动化水平不高。

（3）对工人的技术要求较高。

3. 单件生产

单件生产的特点在于生产的产品品种繁多，每种仅生产一台，生产的重复率低，可以满足顾客的个性化需求。不足之处在于：

（1）设计方面：一品一设计，设计质量不高。

（2）工艺方面：一品一工艺，工艺质量不高。

（3）生产组织方面：粗略分工，专业化水平低。设备集群式布置，产品路线长。

（4）生产管理方面：粗略工时定额，协作关系不稳定，质量和交货期不易保证。例行管理少，例外管理多。

2.5.3　新产品设计与开发

2.5.3.1　新产品的概念与分类

新产品是指在产品特性、材料性能和技术性能等方面具有先进性或独创性的产品。所谓先进性，是指由于采用了新技术、新材料产生的先进性，或由原有技术、经验技术和改进技术综合产生的先进性。所谓独创性，是指产品由于采用新技术、新材料或引进技术所产生的全新产品。

根据对产品的改进程度，可把新产品分为创新产品、换代新产品、改进新产品三类。按新产品的地域特征可以分为国际新产品、国内新产品以及地区新产品三类。

2.5.3.2 新产品开发的意义

为了使企业保持长久的竞争力，必须不断向市场推出新的产品，为此，企业必须有效响应用户需求，并且能超过竞争对手。另外产品的市场寿命是有限的，抓住机会、快速开发出新产品并推向市场对一个企业而言是十分重要的。因此新产品的开发对企业的发展具有重大意义，一般可以归纳为以下几点：

（1）新产品开发有利于企业保持长期的竞争优势。

（2）新产品开发有利于开发企业新的生长点、扩大市场份额。

（3）新产品开发是产品更新换代的需要，对提高产品竞争力有重要影响。

（4）新产品开发是实现结构调整的微观基础。

2.5.3.3 产品设计的原则和绩效评价

产品开发的绩效指标如表2-4所示，产品设计和选择应遵循的原则一般有以下几点：

（1）设计用户需要的产品（服务）。

（2）设计可制造性强的产品（便于生产）。

（3）设计鲁棒性强的产品（稳定和可靠性强）。

（4）设计绿色产品（考虑环保的要求）。

表2-4　　　　　　　　　产品开发绩效评价指标

绩效指标	度量	对竞争力的影响
上市时间	新产品引入频率 从新产品构思到上市的时间 构思数量和最终成功数量 实际效果与计划效果的差异 来自新产品的销售比例	顾客/竞争对手的响应时间 设计的质量-接近市场的程度 项目的频率-模型的寿命

绩效指标	度量	对竞争力的影响
生产率	每一个项目的研究发展周期 每一个项目的材料及工具费用 实际与计划的差异	项目数量-新产品设计与开发的频率 项目的频率-开发的经济性
质量	舒适度-使用的可靠性 设计质量-绩效和用户的满意度 生产质量-工厂和车间的反映	信誉-用户的忠诚度 对用户的相对吸引力-市场份额 利润率

2.5.3.4 新产品开发与设计过程

产品设计过程一般包括产品构思、结构设计过程、工艺设计过程以及产品设计的绩效评价四个过程。

1. 新产品构思

（1）技术推动方式。技术推动方式是指首先进行研究开发，经过技术创新后，再批量生产投入市场。该方式的步骤主要分为技术需要和应用设想、技术和工程可行性、商业分析、原型开发、生产测试、进一步开发和商业化7个步骤。

（2）市场拉动方式。市场拉动方式是指首先进行需求分析，再进行研究开发，将开发成功的产品批量投入市场。该产品构思方式的步骤主要分为来自市场的设想、概念发展和消费者筛选、商业分析、产品开发、消费者实验室测试、市场测试和商业化7个步骤。

（3）竞争驱动方式。竞争驱动方式是指创新设想来源于竞争对手，通过对竞争对手的新产品进行模仿或改进而开发出有竞争力新产品的方式。该构思方式的步骤主要有四步，分别为：竞争者分析、概念确定和筛选、产品开发以及商业化。

2. 结构设计过程

产品机构设计过程包括从明确设计任务开始到确定产品的具体结构为止的一系列活动。该阶段决定了产品的性能、质量和成本，一般分为总体设计、技术设计、工作图设计三个阶段。具体过程如图 2-13 所示。其中总体设计是通过市场需求分析，确定产品的性能、设计原则、技术参数、概略计算产品的技术经济指标和进行产品设计方案的经济效果的分析。技术设计则是将技术任务书中确定的基本结构和主要参数具体化，根据技术任务书所规定的原则，进一步确定产品结构和技术经济指标，以总图、系统图、明细表、说明书等总括形式表现出来。工作图设计是根据技术设计阶段确定的结构布置和主要尺寸，进一步做结构的细节设计，逐步修改和完善，绘制全套工作图样和编制必要的技术文件，为产品制造和装配提供确定的依据。

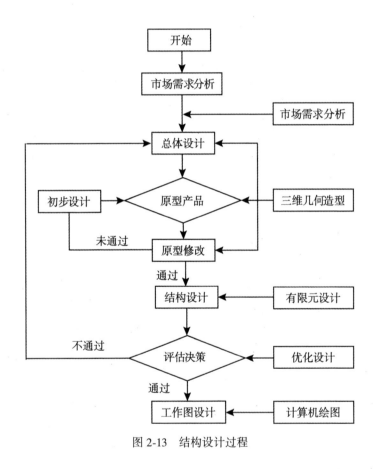

图 2-13　结构设计过程

3. 工艺设计过程

工艺设计是根据产品的设计要求，采用先进的生产方法和技术，安排或规划出原材料加工成产品所需要的一系列加工过程、工时消耗、设备和工艺装备需求等，使产品达到规定的技术标准和质量要求。该过程是结构设计过程和制造过程之间的桥梁，其结果一方面反馈给产品设计用于改进产品设计，另一方面可以作为生产的依据。该过程主要包括以下四个步骤：

（1）产品设计的工艺性分析和审查，即从工艺角度，分析评价产品和零部件结构设计的合理性、生产制造的可行性以及使用维修的难易程度，并提出修改的建议和意见。

（2）拟定工艺方案。

（3）编制工艺技术文件。

（4）工艺装备的设计与制造。

2.5.3.5　产品设计与开发的组织方法

1. 串行工程

串行工程是指产品开发各阶段是由企业内不同职能部门的人员依次进行的。在传统串行工程的产品开发模式中，产品设计过程与制造加工过程脱节，使得各下游开发部门所具有的知识难以加入早期设计中，因而产品的可制造性、可装配性和可维护性较差。加上各部门目标和评价标准的差异和矛盾，使得整体的效率低下、设计改动量大、产品开发周期长、产品成本高以及产品质量难以保证，甚至有大量的设计无法投入生产，从而造成了人力、物力的巨大浪费。

2. 并行工程

并行工程是指集成地、并行地设计产品和其零部件及相关过程的一种系统方法。这种方法要求产品设计人员与其他人员一起工作，在产品设计开始就考虑产品整个生命周期中从概念形成到设计、制造和使用全过程的所有因素，包括质量、成本、进度计划和用户要求等。该组织方式实际上是一种团队工作方式，强调设计过程的系统性、平行性，并行工程大大缩短了产品开发和准备的时间，有利于降低成本、提高产品质量、增强企业的竞争力。并行工程的思想主要可以概括为以下四个方面：

（1）设计时同时考虑产品生命周期的所有因素。

（2）产品设计过程中各活动并行交叉进行。

（3）不同领域技术人员全面参与和协同工作。

（4）建立跨职能的产品开发小组。

2.5.4 生产计划

2.5.4.1 生产计划概念

生产计划是一种战术性计划，主要是根据需求和企业生产运作能力，在充分利用生产能力和综合平衡的基础上，对企业所生产的产品品种、数量、质量和生产进度等方面所作的统筹安排，是企业生产管理的依据。生产计划一般包括综合计划、主生产计划和物料需求计划。

1. 综合计划

综合计划也称为生产大纲，主要是根据企业所拥有的生产能力和需求预测对企业的产出内容、产出量、劳动力水平、库存等问题所做的决策性描述。

2. 主生产计划

主生产计划主要是确定每一具体的产品在每一具体时间段内的生产数量，包括进行商品出产进度安排等。

3. 物料需求计划

主生产计划确定后，要依靠物料需求计划保证主生产计划所规定的最终产品所需的全部物料及资源的及时供应。

2.5.4.2 生产计划指标体系

生产计划的指标体系一般包括四个指标大类，分别为产品品种、产品产量、产品质量以及产值。

（1）产品品种指标：指企业在计划期内规定生产的产品项数。一般用品种的计划完成率来表示此类指标。

（2）产品产量指标：指企业在计划期内生产的合格（符合质量标准）产品（或劳务）的实物数量。一般用产量计划完成率作为此类指标的考核标准。

（3）产品质量指标：指企业在计划期内产品质量方面应达到的水平。该类指标的考核标准又分为反映产品内在质量的指标以及工作质量的指标。例如等级品率、质量损失率、废品率等。

（4）产值指标：所谓产值指标就是用货币表示的指标。一般分为商品产值、工业总产值以及工业增加值三类。

2.5.4.3 生产计划的编制

1. 制订生产计划的一般步骤

制订生产计划的一般步骤如图 2-14 所示。其中每一步的说明如下：

（1）"确定目标"是根据上期计划执行的结果，目标要尽可能具体，如利润指标、市场占有率等。

（2）"评估当前条件"中当前条件包括外部环境和内部条件。外部环境主要包括市场情况、原料、燃料、动力、工具等供应情况，以及协作关系情况。内部环境包括设备状况、工人状况、劳动状况、新产品研制及生产技术准备状况、各种物资库存情况及在制品占用量等。

（3）"预测未来的环境与条件"是根据国内外各种政治因素、经济因素、社会因素和技术因素综合作用的结果，把握现状，预测未来，找出达到目标的有利因素及不利因素。

（4）"确定计划方案"包括拟定多个可实现目标的可行计划方案，并从中按一定的标准，选择一个计划方案。

（5）"实施计划，评价结果"是检查目标是否达到，如未达到，分析原因并采取相应的措施，对原计划进行修改等。

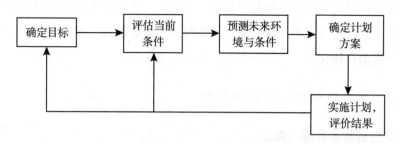

图 2-14　制订生产计划的一般步骤

2. 滚动式计划编制

（1）滚动式计划编制的基本原理。在滚动式计划编制时，整个计划期分为几个时间阶段，其中第一阶段的计划为执行计划，后几个阶段的计划为预计计划。

执行计划中的任务规定得比较具体，要求按计划完成。预计计划中的任务规定得比较粗略，允许调整。每经过一个时间阶段，根据计划的执行情况以及企业内部、外部条件的变化，对原来的预计计划进行调整、修改，并将计划向前推进一个时间阶段。同时，经过调整后，原预计计划中的第一个时间阶段的计划又变为执行计划。

（2）滚动式计划编制的优点：

①使计划的严肃性和应变性更好地结合，执行计划体现严肃性，预计计划体现应变性。

②提高了计划的连续性，为组织生产创造了良好条件，逐期滚动使计划自然衔接起来了。

2.5.5 供应链管理

2.5.5.1 供应链管理的概念与基本思想

一般认为供应链管理是通过前馈的信息流（需方向供方流动，如订货合同、加工单、采购单等）和反馈的物料流及信息流（供方向需方的物料流及伴随的供给信息流，如提货单、入库单、完工报告等），将供应商、制造商、分销商、零售商直到最终用户连成一个整体的模式。

供应链管理的基本思想就是"横向一体化"，即把原来由企业自己生产的零部件外包出去，充分利用外部资源，从而跟这些企业形成一种水平关系，形象地被称为"横向一体化"。

2.5.5.2 供应链管理下的物流管理

1. 供应链物流管理的概念

供应链物流管理是指以供应链核心产品或者核心业务为中心的物流管理体系。前者主要是指以核心产品的制造、分销和原材料供应为体系而组织起来的供应链的物流管理，例如汽车制造、分销和原材料的供应链的物流管理，就是以汽车产品为中心的物流管理体系。后者主要是指以核心物流业务为体系而组织起来的供应链的物流管理，例如第三方物流，配送、仓储、运输供应链的物流管理。

这两类供应链的物流管理既有相同点，又有区别。

供应链管理的核心是供应链的物流管理，资金流是为物流服务的，为保障物流顺利进行创造条件。

2. 供应链物流管理的特点

供应链物流管理区别于一般物流管理的特点有：

（1）供应链物流是一种系统物流，而且是一种大系统物流。这个系统涉及供应链大系统的各个企业，而且这些企业是不同类型、不同层次的企业，有上游的原材料供应企业、下游的分销企业和核心企业，有供、产、销等不同类型。这些企业既互相区别又互相联系，共同构成一个供应链系统。这个大系统物流包括企业之间的物流，但是也可能包括企业内部的物流，直接和企业生产系统相连。

（2）供应链物流是以核心企业为核心的物流，是要站在核心企业的立场上，以为核心企业服务的观点来统一组织整个供应链的物流活动，要更紧密地配合核心企业运作，满足核心企业的需要。

（3）供应链物流管理应当在更广泛的范围内进行资源配置，包括充分利用供应链各个企业的各种资源，从而实现供应链物流更加优化。

（4）供应链的企业之间区别于一般企业的特点，就是供应链企业之间是一种相互信任、相互支持、共生共荣、利益相关的紧密伙伴关系。可以在组织物流活动时充分利用这种有利条件，组织更有效的物流活动。

（5）供应链本身具有信息共享的特点，供应链企业之间通常会建立起计算机信息网络，相互之间进行信息传输，实现销售信息、库存信息等的共享。组织物流活动时可以充分利用这个有利条件，在物流信息化、效率化上有较强的支持作用。

3. 供应链物流管理的方法

（1）供应链运输管理。除库存管理之外，供应链物流管理的另一个重要方面就是运输管理，但是运输管理相对来说，没有像库存管理那样要求严格、关系重大。因为现在运力资源丰富，市场很大，只要规划好运输任务，很容易找到运输承包商来完成它。因此运输管理的任务重点有三个：一是设计规划运输任务；二是找合适的运输承包商；三是运输组织和控制。

（2）连续补充货物。连续补充货物（Continuous Replenishment Process,

CRP），就是供应点连续地、多频次小批量地向需求点补充货物。它基本上是与生产节拍相适应的运输蓝图模式，主要包括配送和准时化供货方式。配送供货一般用汽车将供应商下了线的产品按核心企业所需要的批量（日需要量或者半天需要量）进行频次批量送货（一天一次、二次）。准时化供货，一般用汽车、叉车或传输线进行更短距离、更高频次地小批量多频次供货（按生产线的节拍，一个小时一次、二次）或者用传输线进行连续同步供应。

（3）分销资源计划（Distribution Requirement Planning，DRP）分销资源计划是 MRP 原理和技术在流通领域中的应用。该技术主要解决分销物资的供应和调度问题。基本目标是合理进行分销物资和资源配置，以达到既有效地满足市场需要又最节省配置费用的目的。

（4）准时化技术（JIT）。准时化技术，包括准时化生产、准时化运输、准时化采购、准时化供货等一整套 JIT 技术。它们的思想原理都是四个"合适（Right）"：在合适的时间、将合适的货物、按合适的数量、送到合适的地点。它们的管理控制系统一般采用看板系统，基本模式都是多频次小批量连续送货。

（5）快速、有效的响应系统（Quick Response，Efficient Consumer Response）。快速响应系统（Quick Response，QR）是 20 世纪 80 年代由美国塞尔蒙（Kurt Salmon）公司提出的一种供应链管理系统，主要的思想就是依靠供应链系统，而不是只依靠企业自身来提高市场响应速度和效率。一个有效率的供应链系统通过加强企业间沟通和信息共享、供应商管理库存、连续补充货物等多种手段进行运作能够达到更高效率，能够以更快速度灵敏地响应市场需求的变动。

有效率的客户响应系统（Efficient Consumer Response，ECR）也是美国塞尔蒙公司于 20 世纪 90 年代提出来的一个供应链管理系统，主要思想是组织由生产厂家、批发商和零售商等构成的供应链系统在店铺空间安排、商品补充、促销活动和新商品开发与市场投入四个方面相互协调和合作，更好、更快并以更低的成本满足消费者需要为目的的供应链管理系统。

2.5.5.3　供应链管理下的库存控制

1. 供应链库存管理概念

供应链库存管理是指将库存管理置于供应链之中，以降低库存成本和提高企业市场反应能力为目的，从点到链、从链到面的库存管理方法。

2. 供应链库存管理的特点

供应链库存管理的目标服从于整条供应链的目标，通过对整条供应链上的库存进行计划、组织、控制和协调，将各阶段库存控制在最小限度，从而削减库存管理成本，减少资源闲置与浪费，使供应链上的整体库存成本降至最低。与传统库存管理相比，供应链库存管理不再是作为维持生产和销售的措施，而是作为一种供应链的平衡机制。通过供应链管理，消除企业管理中的薄弱环节，实现供应链的总体平衡。供应链管理理论是对现代管理思想的发展，其特点主要表现为：

（1）管理集成化。供应链管理将供应链上的所有节点看成一个有机的整体，以供应链流程为基础，物流、信息流、价值流、资金流、工作流贯穿于供应链的全过程。因此，供应链管理是一种集成化管理。

（2）资源范围扩大。传统库存管理模式下，管理者只需考虑企业内部资源的有效利用。供应链管理模式导入后，企业资源管理的范围扩大，要求管理者将整条供应链上各节点企业的资源全部纳入考虑范围，使供应链上的资源得到最佳利用。

（3）企业间关系伙伴化。供应链管理以最终客户为中心，将客户服务、客户满意与客户成功作为管理的出发点，并贯穿于供应链管理的全过程。由于企业主动关注整条供应链的管理，供应链上各成员企业间的伙伴关系得到加强，企业间由原先的竞争关系转变为"双赢"关系。供应链的形成使供应链上各企业间建立起战略合作关系，通过对市场的快速反应，共同致力于供应链总体库存的降低。因此，库存管理不再是保证企业正常生产经营的措施，而是使供应链管理平衡的机制。

3. 供应链库存管理模型

（1）供应商管理库存（VMI）。零售商、批发商、供应商都有自己的库存，供应链各个环节都有自己的库存控制策略。由于各自的库存控制策略不同且相互封闭，因此不可避免地产生需求的扭曲现象，从而导致需求变异放大，无法使供应商准确了解下游客户的需求。供应商管理库存（Vendor Managed Inventory，VMI）打破了传统的各自为政的库存管理模式，体现了供应链的集成化管理思想，适应了市场变化的要求，是一种新的有代表性的库存管理思想。

VMI策略的关键措施主要体现在以下几个原则：

①合作精神。在实施该策略时，相互信任与信息透明是很重要的，供应商和客户（零售商）都要有较好的合作精神，才能够相互保持较好的合作。

②双方成本最小。VMI不是关于成本如何分配或谁来支付的问题，而是通过该策略的实施减少整个供应链上的库存成本，使双方都能获益。

③目标一致性原则。双方都明白各自的责任，观念上达成一致的目标。如库存放在哪里、什么时候支付、是否要管理费、要花费多少等问题都通过双方协商达成一致。

④连续改进原则。供需双方共同努力，逐渐消除浪费。

（2）联合库存管理（JMI）。联合库存管理的思想可以从分销中心的联合库存功能谈起。地区分销中心体现了一种简单的联合库存管理的思想。采用分销中心的销售方式后，各个销售商只需要少量的库存，大量的库存由地区分销中心储备，也就是各个销售商把其库存的一部分交给地区分销中心负责，从而减轻了各个销售商的库存压力。分销中心起到了联合库存管理的功能。

从分销中心的功能得到启发，对现有的供应链库存管理模式进行新的拓展和重构，提出联合库存管理新模式——基于协调中心的联合库存管理系统。

联合库存管理体现了战略供应商联盟的新型企业合作关系。联合库存管理是解决供应链系统中由于各节点企业的相互独立库存运作模式导致的需求放大现象，提高供应链的同步化程度的一种有效方法。联合库存管理和供应商管理客户库存不同，它强调双方同时参与，共同制订库存计划，供应链过程中的每个库存管理者（供应商、制造商、分销商）都从相互之间的协调性考虑，使供应链相邻的两个节点之间的库存管理者对需求的预期保持一致，从而消除了需求变异放大现象。任何相邻节点需求的确定都是供需双方协调的结果，库存管理不再是各自为政的独立运作过程，而是变成供需连接的纽带和协调中心。

VMI是一种供应链集成化运作的决策代理模式，它把客户的库存决策权代理给供应商，由供应商代理分销商或批发商行使库存决策的权力。JMI是一种风险分担的库存管理模式。风险分担表明如果把各地的需求集合起来处理，可以降低需求的变动性，因而当把不同地点的需求汇集起来，一个顾客的高需求很可能被另一个顾客的低需求所抵消。需求变动性的降低能够降低安全库存。

（3）共同预测、计划与补给（CPFR）。通过对 VMI 和 JMI 两种模式的分析可得出：VMI 就是以系统的、集成的管理思想进行库存管理，使供应链系统能够获得同步化的优化运行。通过几年的实施，VMI 和 JMI 被证明是比较先进的库存管理办法，但 VMI 和 JMI 也有以下缺点：

①VMI 是单行的过程，决策过程中缺乏协商，难免造成失误；

②决策数据不准确，决策失误较多；

③财务计划在销售和生产预测之前完成，风险较大；

④供应链没有实现真正的集成，使得库存水平较高，订单落实速度慢；

⑤促销和库存补给项目没有协调起来；

⑥当发现供应出现问题（如产品短缺）时，留给供应商进行解决的时间非常有限；

⑦VMI 过度地以客户为中心，使得供应链的建立和维护费用都很高。

随着现代科学技术和管理技术的不断提升，VMI 和 JMI 中出现的种种弊端也得到改进，出现了新的供应链库存管理技术——CPFR（共同预测、计划与补给）。CPFR 有效地解决了 VMI 和 JMI 的不足，成为现代库存管理新技术。

CPFR 最大的优势是能及时准确地预测由各项促销措施或异常变化带来的销售高峰和波动，从而使销售商和供应商都能做好充分的准备，赢得主动。同时 CPFR 采取了一种"双赢"的原则，始终从全局的观点出发，制定统一的管理目标以及方案实施办法，以库存管理为核心，兼顾供应链上的其他方面的管理。因此，CPFR 能实现伙伴间更广泛深入的合作，它主要体现了以下思想：

①合作伙伴构成的框架及其运行规则主要基于消费者的需求和整个价值链的增值。

②供应链上企业的生产计划基于同一销售预测报告。销售商和制造商对市场有不同的认识，在不泄露各自商业机密的前提下，销售商和制造商可交换他们的信息和数据，来改善他们的市场预测能力，使最终的预测报告更为准确、可信。供应链上的各公司则根据这个预测报告来制订各自的生产计划，从而使供应链的

管理得到集成。

③消除供应过程的约束限制。这个限制主要就是企业的生产柔性不够。一般来说，销售商的订单所规定的交货日期比制造商生产这些产品的时间要短。在这种情况下，制造商不得不保持一定的产品库存，但是如果能延长订单周期，使之与制造商的生产周期相一致，那么生产商就可真正做到按订单生产及零库存管理。这样制造商就可减少甚至去掉库存，大大提高企业的经济效益。

随着经济的发展和社会的进步，供应链也得到更进一步的发展，原有的库存管理模式也逐渐显示出其缺点和不足。人们在充分认识原有库存管理技术弊端的同时，有针对性地提出相关的改进措施，不断改进和完善供应链中的库存管理技术。

CPFR 模式弥补了 VMI 和 JMI 的不足，成为新的库存管理技术。当然 CPFR 模式也不是任何场所都可以使用的，它的建立和运行离不开现代信息技术的支持。CPFR 信息应用系统的形式有多种，但应遵循以下设计原则：现行的信息标准尽量不变，信息系统尽量做到具有可缩放性、安全、开放性、易管理和维护、容错性、鲁棒性等特点。

2.5.6　生产运作管理新模式

2.5.6.1　准时制生产方式

1. 准时化生产方式的含义

准时化（Just in Time，JIT）生产方式是 20 世纪 50 年代初，日本丰田公司研究和开始实施的生产管理方式，也是一种与整个制造过程相关的哲理思想。它的基本思想可用一句话来概括，即只在需要的时候，按需要的量生产所需的产品。这种生产方式的核心是追求一种无库存或使库存达到最小的生产系统，并为此开发了包括看板在内的一系列具体方法，逐渐形成了一套独具特色的生产经营体系。

2. JIT 生产方式的目标

JIT 生产方式的最终目标是获取最大利润。为实现这个最终目的，"降低成本"就成为基本目标。在福特时代，降低成本主要是依据单一品种的规模生产来实现的，但是在多品种小批量生产的情况下，这一方法是行不通的。因此，JIT生产方式力图通过"彻底消除浪费"来达到这一目的。所谓浪费，在 JIT 生产方式的起源地丰田汽车公司，被定义为"致使成本增加的生产诸因素"，也就是说，不会带来任何附加价值的诸因素。这其中最主要的是由生产过剩所引起的浪费。因此，为了避免这种浪费，就相应地产生了适量生产、弹性配置作业人数以及保证质量三个子目标。

3. JIT 生产方式的原则

为了达到降低成本这一基本原则，对应于这一基本目标的三个子目标，JIT生产方式也可以概括为以下三个方面：

（1）适时适量生产，即在需要的时候，按需要的量生产所需的产品。当今时代已经从"只要生产就能卖得出去"的时代进入了一个"只能生产能够卖得出去的产品"的时代。对于企业来说，各种产品的产量必须能够灵活地适应市场需求的变化。否则，就会由于生产过剩而产生人员、设备、库存费用等一系列浪费。而避免这些浪费的方法就是实施适时适量生产，只在市场需要的时候生产市场需要的产品。

（2）弹性配置作业人数。在劳动费用越来越高的今天，降低劳动费用是降低成本的一个重要方面。达到这一目的的方法是"少人化"。所谓少人化，是指根据生产量的变动，弹性地增减各生产线的作业人数，以及尽量用较少的人力完成较多的生产。这里的关键在于能否将生产量减少了的生产线上的作业人员数量减下来。实现这种少人化的具体方法是实施独特的设备布置，以便能够将需求减少时各作业点减少的工作集中起来，以整数削减人员。

（3）雇员保证。通常认为，质量与成本之间是一种负相关关系，即要提高质量，就得花人力、物力来加以保证，从而加大成本。但在 JIT 生产方式中，却正好相反，将质量管理贯穿于每一工序之中来实现提高质量与降低成本的一致性，具体通过生产组织中的两种机制实现：第一，使设备或生产线能够自动监测不良产品，一旦发现异常或不良产品，可以自动停止的设备运行机制。为此在设备上开发和安装了各种自动停止装置和加工状态监测装置。第二，生产第一线的设备操作人员发现产品和设备的问题时，有权自动停止生产的管理机制。依靠这样的机制，不良产品一出现就会马上被发现，防止了不良产品的重复出现或累计出现，从而避免了由此可能造成的大量浪费。而且，由于一旦发生异常，生产线或设备就立即停止运行，比较容易找到异常的原因，从而能够有针对性地采取措施，防止类似异常情况的再发生，杜绝类似不良产品的再产生。

2.5.6.2 精益生产方式

1. 精益生产的概念

精益生产（Lean Production，LP）是美国麻省理工学院在一项名为"国际汽车计划"的研究项目中提出来的。精益生产中的"精"表示精良、精确、精美；"益"表示利益、效益等。就是及时制造，消灭故障，消除一切浪费，向零缺陷、零库存进军，它是对准时生产方式的进一步提炼。在生产组织上，与泰勒的方式相反，不是强调细致的分工，而是强调企业各部门相互合作的综合集成。综合集成并不局限于生产过程本身，还包括重视产品开发、生产准备和生产之间的合作和集成。精益生产的目标被描述为"在适当的时间使适当的东西到达适当的地点，尽可能多使浪费最小和适应变化"。精益生产的基本目的是要在一个企业里同时获取极高的生产率、极佳的产品质量和很大的生产柔性。

2. 精益生产的核心

精益思想是精益生产的核心，它包括精益生产、精益管理、精益设计和精益供应等一系列思想，其核心是以较少的人力、较少的设备、在较短的时间和较小的场地内创造出尽可能多的价值，同时也越来越接近客户，提供他们确实需要的东西。精益思想要求企业找到最佳的方法确立提供给顾客的价值，明确每一项产品的价值流，使产品在从最初的概念到到达顾客的过程中流动顺畅，让顾客成为生产的拉动者，在生产管理中精益求精、尽善尽美。产品从生产直到售后的整个过程中的精益方法可以概括为以下几点：

（1）价值观。精益思想认为企业产品（服务）的价值只能由最终用户来确定，价值也只有满足特定用户需求才有存在的意义。精益思想重新定义了价值观与现代企业原则，它同传统的制造思想，即主观高效率地大量制造既定产品向用户推销，是完全对立的。

（2）价值流。价值流是指从原材料到成品赋予价值的全部活动。识别价值流是实行精益思想的起步点，并按照最终用户的立场寻求全过程的整体最佳。精益思想的企业价值创造过程包括：从概念到投产的设计过程；从订货到送货的信息过程；从原材料到产品的转换过程；全生命的支持和服务过程。

（3）流动。精益思想要求创造价值的各个活动（步骤）流动起来，强调的是"动"。传统观念是"分工和大量才能高效率"，但是精益思想却认为成批、大批量生产经常意味着等待和停滞。精益将所有的停滞视为企业的浪费。

（4）拉动。"拉动"的本质含义是让用户按需要拉动生产，而不是把用户不太想要的产品强行推给用户。拉动生产通过正确的价值观念和压缩提前期，保证用户在要求的时间得到需要的产品。

（5）尽善尽美。精益制造的目标是通过尽善尽美的价值创造过程（包括设计、制造和对产品或服务的整个生命周期的支持）为用户提供尽善尽美的价值。精益制造的尽善尽美有三个含义：用户满意、无差错生产和企业自身的持续改进。

2.5.6.3　计算机集成制造系统

1. CIMS 的产生及定义

计算机集成制造系统（Computer Integrated Manufacturing System，CISM），是1973 年美国的约瑟夫·哈林顿博士在《计算机集成制造》一书中首次提出的。当时，他提出了两个基本观点：一是企业生产的各个环节，包括市场分析、产品设计、加工制造、经营管理以及售后服务等全部经营活动，是一个不可分割的整体，要紧密连接，统一考虑；二是整个经营过程实质上是一个数据采集、传递和加工处理的过程，其最终形成的产品可以看作数据的物质表现。因此企业作为一个统一的整体，必须从系统和全局的观点出发，广泛采用计算机等高新技术，加速信息的采集、传递和加工处理过程，提高工作效率和质量，从而提高企业的总体水平。计算机集成制造是一种理念，其实质就是用信息技术对制造系统进行全局优化。这是一种先进的理念，其内涵是借助于以计算机为核心的信息技术，将企业中各种与制造有关的技术系统集成起来，使企业得到整体优化，从而提高企业适应市场竞争的能力，CIMS 代表了当今工厂综合自动化的最高水平。

2. CIMS 的体系结构

CIMS 一般由四个功能分系统和两个支撑分系统构成。四个功能分系统分别是：

（1）管理信息系统。其是以制造资源计划 MRPII 为核心，包括预测、经营决策、各级生产计划、生产技术准备、销售、供应、财务、成本、设备、工具和人力资源等管理信息功能，通过信息集成，达到缩短产品生产周期、降低流动资金占用，提高企业应变能力的目的。

（2）产品设计与制造工程设计自动化系统。其是用计算机辅助产品设计、制造准备以及产品性能测试等阶段的工作，通常成为 CAD/CAPP/CAM 系统。它可以使产品开发工作高效、优质地进行。

（3）制造自动化（柔性制造）系统。其是在计算的控制与调度下，按照 NC 代码将毛坯加工成合格的零件并装配成配件或产品。制造自动化系统的主要组成部分有：加工中心、数控机床、运输小车、立体仓库，以及计算机控制管理系统等。

（4）质量保证系统。其是通过采集、存储、评价与处理存在于设计、制造过程中与质量有关的大量数据，从而提高产品的质量。

两个支撑系统分别为：

（1）网络系统。其是支持 CIMS 各个系统的开放型网络通信系统，采用国际标准和工业标准规定的网络协议等，可实现异种机互联，多种网络的互联，满足各应用系统对网络支持服务的不同需求，支持资源共享、分布处理、分布数据库、分成递阶和实时控制。

（2）数据库系统。其是支持 CIMS 各分系统，覆盖企业全部信息，以实现企业的数据共享和信息集成。通常采用集中于分布相结合的三层体系控制结构——主数据管理系统、分布式数据管理系统、数据控制系统，以保证数据的安全性、一致性、易维护性等。

2.6 竞争情报分析

2.6.1 竞争情报

2.6.1.1 基本概念与分类

竞争情报简称 CI，即 Competitive Intelligence，是指关于竞争环境、竞争对手和竞争策略的信息和研究，是一种过程，也是一种产品。过程包括对竞争信息的收集和分析；产品包括由此形成的情报和谋略。按应用层次分，有国家竞争情报和企业竞争情报；按应用领域分，有商业竞争情报和技术竞争情报。其核心内容是对竞争对手信息的搜集和分析，并涉及环境监视、市场预警、技术跟踪、对手分析、策略研究、竞争情报系统建设和商业秘密保护等重要领域。

20 世纪 80 年代出现的竞争情报是战略管理兴起和市场竞争激化的产物。1986 年美国竞争情报从业者协会的成立是其发展的重要标志；1995 年中国科技情报学会竞争情报分会的成立是中国竞争情报业发展的重要标志。

竞争情报的基本过程由规划定向、信息搜集、信息加工、情报分析和产品传播五大程序构成。竞争情报的搜集强调用合法手段，通过公开渠道和人际网络获取行业、客户、供应方、替代者、潜在进入者的相关信息、重点分析竞争对手的现行战略、企业实力、自我假设、未来目标和反应模式，为决策者提供准确、及时、可行的情报产品。

2.6.1.2 竞争情报的特征

（1）针对性。竞争情报的活动有着非常明显的目的、目标和针对性，就是通过对竞争对手的信息收集与分析，进行"知己知彼"的情报研究，为组织提供竞争服务，协助本组织拟定战胜竞争对手的战略，使自己立于不败之地。

（2）对抗性。竞争情报产生于激烈的市场竞争环境，是市场竞争主体经营管理程序的分化，为企业经济利益服务，主要研究经济、技术、产品等竞争者敏感和相互保密的问题。经济利益的冲突决定了竞争情报活动的内容与过程具有激烈

71

的对抗性。

（3）科学性。对于现代的市场，仅仅凭借管理人员的宏伟决心是不够的，没有清晰的思路，没有对整个竞争环境、竞争对手以及企业自身的基本情况了如指掌，是终究会被市场淘汰的。

竞争情报通过合法的手段，收集、整理、分析各类信息，并在此基础上提供服务，这种信息的搜集、整理和分析、挖掘的过程并不是盲目的，而是遵循实事求是的科学方法的。因此，竞争情报是可信的、科学的。

（4）谋略性。在市场竞争中，为了使竞争情报的研究成果独具特色、发挥作用，竞争情报活动必须具有高度谋略性。谋略性一般体现在两个方面：竞争情报研究的思维上具有谋略性；竞争情报研究的方法上具有谋略性。

（5）预见性。竞争情报主要是为决策服务的，决策是行动之前的活动。所以，为决策服务的竞争情报必须具有预见性，落后于决策的情报没有任何意义。

（6）增值性。经过分析和智化的竞争情报和策略是增值了的知识产品，能为企业带来巨大的经济和社会效益。

2.6.1.3　竞争情报的研究内容

1. 竞争对手研究

企业的竞争对手及其各种行为是企业密切关注的焦点，是企业从事竞争环境监视的核心，围绕竞争对手的情报研究是竞争情报研究的核心内容。竞争对手研究的程序主要包括：

（1）识别并确认竞争对手；

（2）识别并判断竞争对手的目标和假设；

（3）识别并判断竞争对手的战略；

（4）评估竞争对手的实力；

（5）预测竞争对手的反应；

（6）选择攻击或回避竞争对手。

2. 竞争环境研究

竞争环境是指企业经营活动有现实和潜在关系的各种力量和相关因素的集合，直接影响着企业的生存和发展，而企业竞争环境的监视和分析是开展企业竞争情报研究的基础。竞争环境监视的主要目的是随时了解企业当前所处的竞争环境状况，以便于分析竞争态势，把握竞争对手的动向，为决策层的战略决策提供及时的支撑，其包括宏观和微观两个层面的监视。竞争环境分析解决的是对竞争环境深度把握的问题，而竞争环境监视其实只是浅层的竞争环境研究。要想实现对企业竞争战略的有效支持，必须深入分析竞争环境，解读环境因素对企业运营的真实影响。

企业内部环境分析的目的主要是分析企业自身所具备的能力，找出自己的优势竞争力所在，其重点涉及企业的资源和核心竞争力。而企业的外部环境分析的目的在于确认有限的、可以使企业受益的机会和企业应该回避的威胁。外部环境分析并不是要列举无穷多的、所有会影响企业经营的因素，而是要确认那些关键的、值得作出反应的环境因素。

3. 竞争战略研究

竞争战略研究是指企业在把握了外部环境和内部条件的基础上，为在竞争中求得生存和发展而作出的长期的、总体的、全局的谋划和对策。因此竞争战略制定的目的就是为了在激烈的市场竞争中寻找并建立一个有利可图且能持之以恒的竞争地位。按照波特教授的研究成果，竞争战略可以分为成本领先战略、产品差异化战略和集中化战略。

2.6.2 竞争情报系统

2.6.2.1 概念

竞争情报系统，又名 CIS，是 Competitive Intelligence System 的缩写，是企业竞争战略管理实践中新出现的概念。美国竞争情报从业者协会（Society of Competitive Intelligence Professionals，SCIP）前主席、匹兹堡大学商学院的约翰·E. 普赖斯科特教授指出："企业竞争情报系统是一个持续演化中的正规化和非正规化操作流程相结合的企业管理子系统。它的主要功能是为组织成员评估行业关键发展趋势，把握行业结构的进化，跟踪正在出现的连续性与非连续性变化，以及分析现有和潜在竞争对手的能力和方向，从而协助企业保持和发展可持续性的竞争优势。"

中国竞争情报研究会名誉理事长包昌火研究员则指出："竞争情报系统是以人的智能为主导，信息网络为手段，增强企业竞争力为目标的人机结合的竞争战略决策支持和咨询系统。"

竞争情报系统可为企业取得竞争优势提供强有力的信息支持和情报保障，因而我们可以把它看作企业领导集团在经营战略和竞争决策过程中的"总参谋部"。

2.6.2.2 竞争情报系统的六大功能

1. 环境监视

竞争情报系统帮助企业了解外部环境。企业外部环境包括政治、经济、社会和技术四个方面。政治法律环境对企业的影响具有直接性、难预测性和不可控制等特点，这些因素常常制约、影响企业的经营行为，尤其是影响企业较长期的投资行为。竞争情报系统跟踪这些情报，降低这些不稳定因素对企业的影响。企业的经济环境主要由社会经济结构、经济发展水平、经济体制和宏观经济政策等四个要素构成。社会自然环境包括社会环境和自然环境。对经济环境和自然环境的跟踪分析，可以有效帮助企业保持可持续发展。技术环境主要是与本企业的产品有关的科学技术的现有水平、发展趋势及发展速度，跟踪掌握新技术、新材料、新工艺、新设备，分析对产品生命周期、生产成本以及竞争格局的影响，此可谓"知天"。

2. 市场预警

竞争情报系统可以提供市场预警。企业在发展过程中，需要不断地分析市场情况，掌握市场动态，扩大市场份额，提高产品生产量，正确地把握增长和衰减的可能范围，产品的营销范围，外销的可能性，对新产品的品种、质量、价格、服务等方面的缺点和不足，以确定下一步发展战略。竞争情报系统就是企业的智囊，起到市场的导向作用、商品营销的警示作用，及做出战略决策的参谋作用，此可谓"知地"。

3. 技术跟踪

竞争情报系统可以帮助企业对整个市场上影响企业生存与发展的相关技术发展动向进行相应的跟踪分析，及时发现新技术对企业现有产品的冲击，预测技术发展趋势对企业竞争力的影响，辅助企业制定出技术竞争战略，包括技术领先战略、技术追随战略、技术替代战略等。

4. 对手分析

竞争情报系统帮助企业分析竞争对手。竞争情报系统帮助企业了解竞争发生在哪里、竞争对手是谁、确定必须跟踪的竞争者，收集整理竞争者信息、竞争对手档案库，分析竞争对手将会有什么动作、企业应该采取哪些对策等，从竞争信息读出"战略信号"，判断竞争者和本企业所处的相对竞争地位、估计竞争者的优势。同时竞争情报系统将帮助企业了解和跟踪与产业的基本特性相关的情报，例如产业的集中度、进入壁垒、国际化程度、管理程度、技术变化速度、品牌忠诚度、业态变化等，此可谓"知彼"。

5. 策略制定

竞争情报系统辅助企业制定决策。企业管理者在做出战略决策时，必须有进入一个市场的情报，企业整体经营项目的转移，或是关系到企业生存与发展的一项新产品开发，企业的发展定位等方面的情报。特别是企业兼并或并购，必须全面掌握和了解被并购企业的产权状况、债权状况、经营状况、企业内部人员结构状况等。竞争情报系统为决策提供准确的情报支持。

6. 信息安全

竞争情报系统帮助企业捍卫自身信息安全。竞争情报是一把"双刃剑"，你可以用来对付竞争者，竞争者也可用来对付你。反竞争情报也是一种积极行为，而不仅仅是消极的防堵。对现代企业而言，既要有锋利的"矛"，又要有厚实的"盾"。竞争情报系统监控了企业相关的各类情报，能够快速发现情报泄露等异常情况，因此它不仅是"矛"，同时也是"盾"，此可谓"知己"。

2.6.2.3　竞争情报系统的构建

1. 三大网络

从横向说，竞争情报系统由三大网络构成：组织网络、人际网络、信息网络。

组织网络描述的是企业的框架体系，企业正是由其组织结构决定了其形状，好比人类由骨骼确定体型一般。充分考虑到竞争情报工作特点的经过良好设计的竞争情报组织网络是竞争情报系统的组织保障和基础。

人际网络指的是竞争情报人员通过个人交往和联系，拓展企业的竞争情报来源渠道。通过这种方式，我们可以充分获取信息，挖掘正式交流中所不能体现的情感信息，还可以实现"难以言传"的隐含知识（不能用文字表达的知识）的转移和传递。

信息网络是使得原始的情报资源最终加工成为企业竞争情报的信息资源传播并增值的重要网络，它的核心部分由信息中心（CIC）、竞争情报收集子系统、竞争情报分析子系统、竞争情报服务子系统几部分组成，理想的企业竞争情报系统是计算机化的高级信息系统。

同时，这三种网络之间也有着非常密切的联系。竞争情报组织网络与后面的信息网络和人际网络有着密切联系。信息网络要靠组织网络的结构与人员来实现，"组织网络"中的"岗位"正是由人来担当的，同时组织网络与人际网络也有重叠交叉的部分。

2. 三个系统

从纵向说，竞争情报的生产经历了一个采集、规整、分析加工到其可以按企业需要进行应用服务的过程。在这个过程中，情报资源由大量原始初级的杂乱无章的"数据"转化为清晰地表达出一定含义的"信息"，进而从中按照企业竞争需要提取出有价值的"情报"应用于企业竞争实践。这样一个信息资源不断流动转换的过程就构成了竞争情报系统纵向的收集、分析、服务三个子系统。显然，从"采集""分析"到"应用服务"，再到新的"采集"，正是一个信息从低级到高级，从繁杂、没有价值到精炼、具有价值并可以加以运用的信息循环流动过程，这也是竞争情报系统运作的主要过程。因此，竞争情报收集、分析、服务三个子系统就构成了竞争情报系统的核心部分，横向的"组织网络"与"人际网络"都是围绕着这个核心服务的。

3. 一个中心

一个中心指的是企业竞争情报中心，简称为 CIC，也可称为信息中心，它在 CIS 中处于核心地位，是企业 CIS 的控制和运行中心。首席信息官（CIO）既是企业竞争情报中心的主管，同时还要参与到企业整个业务的核心层和经营决策之中。

第二部分　实　　战

第3章　沙盘模拟实战演练

3.1　模拟企业概况

3.1.1　企业经营状况

这里模拟的是一个生产制造珠宝的企业，该企业是一个典型的本地企业，经营状况良好。它目前的主打产品 Beryl 含有较新的技术，在市场的发展不错。不过，由于原来的管理层在企业发展上比较保守，特别是在市场开发以及新产品的研发方面，使得企业一直处于小规模经营的状况。在未来的几年内，市场的竞争将越来越激烈，如果继续采用目前的经营模式，很可能会被市场逐渐淘汰。因而，董事会决定引入新的管理层，对企业的经营模式进行变革，使企业发展成为更有潜力的实体。希望新的管理层能完成以下工作：

（1）研发新的产品，使公司的市场地位得到进一步提升。

（2）开拓新的市场，进一步拓展公司的市场领域。

（3）扩大生产规模，增设厂房，投建新的生产线，采用现代化生产设备，努力提高生产效率。

3.1.2　市场分析

该市场上主要有以下四种产品，每种产品的发展情况和未来的市场需求都有所不同，其中 Beryl 产品目前在市场上的销路还不错，但是可以预见，在不久的将来，激烈的竞争即将开始，一方面是来自于国内同行的纷纷仿效，另一方面是 WTO 开放之后，外国竞争者所构成的重大威胁。这些外国竞争者拥有更先进的研发技术和生产技术，如果企业不在产品上进行创新，将很容易落伍。Crystal 产品是 Beryl 产品的技术改进版，它继承了 Beryl 产品的很多优良特性，在一段时间内可以为企业的发展带来可观利润。Ruby 产品是一个完全重新设计的产品，采用了最新技术，在技术创新及有利于环保方面有很大的飞跃，但目前很难评估客户针对这种新技术的态度。Sapphire 产品被视为一个未来技术的产品，大家都存在着期望，然而它的市场何时才能形成是完全未知的。

同时，本地市场针对 Beryl 产品的需求开始减弱，而且利润空间也开始下滑。不过在未来几年中，还是有不少 Beryl 的需求，而 Crystal 产品的需求也开始慢慢增加。在市场预测中可以看到，区域市场在未来几年，Beryl 产品有一定销量，而 Crystal 产品销量较多。不过，相比本地市场和国内市场而言，区域市场的容量还是要低一些。亚洲市场的开拓需要三年时间，因此针对其需求量的预测不能确定。该市场可能会有较高的容量，对于高技术含量的产品有较多的倾向性。国际市场的开拓需要四年的时间。对于那些研发技术和设备相对落后的企业来说，该市场应该是一个比较理想的发展空间，对于 Beryl 产品的需求较多，而且利润空间较高。参与竞争的企业在未来的发展中，将主要参考以下的市场预测。图 3-1 表示了未来几个产品的市场容量发展趋势。

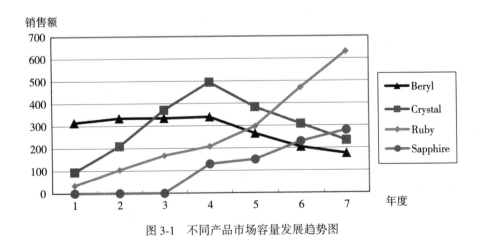

图 3-1　不同产品市场容量发展趋势图

3.1.3　市场预测

3.1.3.1　本地市场预测

总体来看，根据企业的实际情况可以比较准确地预计 1~3 年的销售情况，但由于市场存在很大的不确定性，4~7 年的预计只能作为一个参考，可能蕴涵很大的变化性。根据图 3-2 可以看到 Beryl 是一个成熟的产品，在未来 3 年内本地市场上需求较大，但随着时间的推移，需求可能迅速下降。Crystal 在本地市场的需求呈上升趋势。Ruby 和 Sapphire 的需求量不明确。不管哪种产品，未来可能都会要求企业具有 ISO 认证资格。产品单价的预测如图 3-3 所示，可以看到 Beryl 的单价逐年下滑，利润空间越来越小。Ruby 和 Sapphire 随着产品的完善，价格会逐步提高。

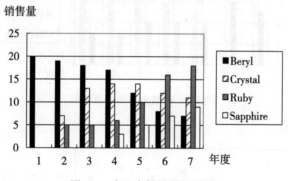

图 3-2　本地市场销量预测图

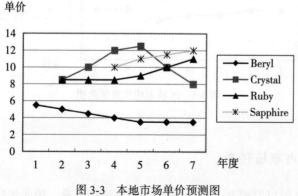

图 3-3　本地市场单价预测图

3.1.3.2 区域市场预测

根据图 3-4 可以发现区域市场的需求量相对本地市场来讲，容量不大，而且对客户的资质要求相对较严格，供应商可能只有具备 ISO 资格认证——包括 ISO9000 和 ISO14000 才可以允许接单。同样的，根据图 3-5 可以发现由于对供应商的资格要求较严，竞争的激烈性相对较低，价格普遍比本地市场高。Ruby 产品和 Sapphire 产品的价格总的来说都是逐年上升的，公司可以在第 4 年之后加大这两种产品的生产投入量。

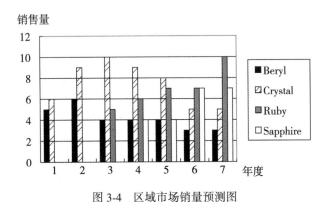

图 3-4 区域市场销量预测图

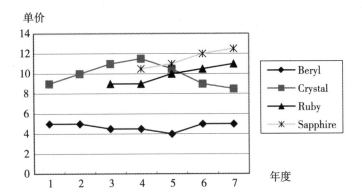

图 3-5 区域市场单价预测图

3.1.3.3 国内市场预测

根据图 3-6 可以发现 Beryl、Crystal 的需求逐年上升，第 4 年达到顶峰，之后开始下滑。Ruby、Sapphire 需求预计呈上升趋势。同时供应商也可能要求得到 ISO9000 认证。图 3-7 中的趋势与销售量相类似，Beryl、Crystal 的价格逐年上升，第 4 年达到顶峰，之后开始下滑。而 Ruby、Sapphire 单价基本上呈稳步上升趋势，但 Sapphire 只有在第四年之后才会出现在市场上。

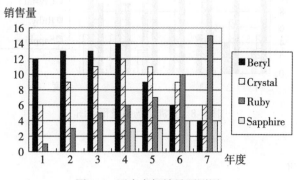

图 3-6　国内市场销量预测图

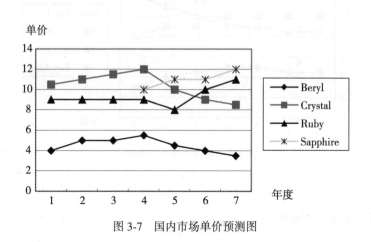

图 3-7　国内市场单价预测图

3.1.3.4　亚洲市场预测

根据图 3-8 可以发现亚洲市场基本上产品都是供不应求的，产品 Ruby 的销量基本上是逐年上升的，Beryl 的需求也处于一个较高的位置，但是根据图 3-9 可以发现 Beryl 在亚洲市场的价格相对于本地市场没有竞争力。随着年份的上升，

Beryl 产品在亚洲市场上的单价是逐年下降的。

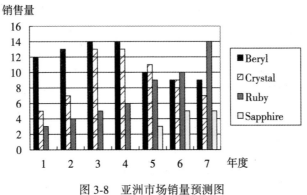

图 3-8　亚洲市场销量预测图

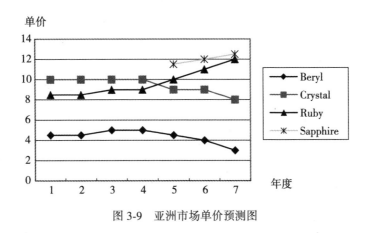

图 3-9　亚洲市场单价预测图

3.1.3.5　国际市场预测

根据图 3-10 可以发现除了 Beryl 的市场销量处于一个较高的地位，其他产品的需求都不甚明朗，Crystal 产品的需求处于一个逐年上升的地位，根据图 3-11 可以看到受各种因素影响，产品价格的变动风险都较大，总的来说 Crystal 的价格一直处于一个较高的地位。

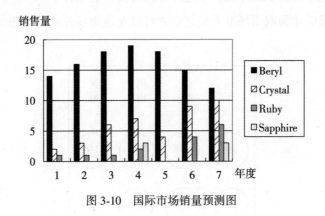

图 3-10 国际市场销量预测图

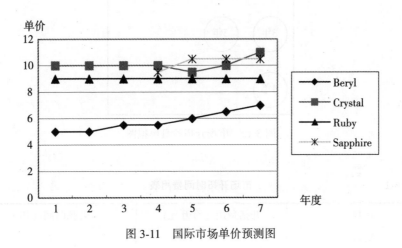

图 3-11 国际市场单价预测图

3.2 模拟竞争规则

3.2.1 市场开拓规则

企业目前在本地市场经营，新市场包括区域、国内、亚洲、国际市场，根据表 3-1 市场开拓时间费用表可以看到随着开拓区域的变大，所需费用和时间也是逐步上升的（如图 3-12 所示）。市场开发的投资是按年度进行支付的，各个市场均独立存在，只需在不同市场分别投入开拓费，便可以同时开发多个市场，但每个市场每年最多投资 100 万元，不允许加速投资，但允许中断。并且规定只有在市场投入完成后才领取市场准入证之后才可以在该市场投入广告选单。

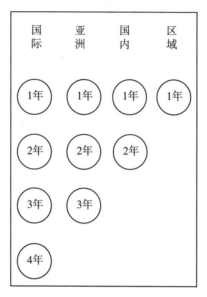

图 3-12　市场开拓沙盘模拟图

表 3-1　　　　　　　　　　　　　　市场开拓时间费用表

市场	开拓费用（百万元）	开拓时间（年）
区域	1	1
国内	2	2
亚洲	3	3
国际	4	4

3.2.2　产品研发以及 ISO 认证规则

根据表 3-2 可以看到产品 Crystal 的研发时间最短为 4 个季度，每一个时间需要投入 100 万元的资金，Ruby 和 Sapphire 的研发时间分别为 6 个季度和 8 个季度，研发的投资也是每一个时期 100 万元的资金（如图 3-13 所示）。不同的产品可以同时进行研发，部分产品只能在部分区域进行销售。产品研发技术允许转让且转让金额大于等于研发费用。ISO 是国际标准化组织。ISO9000 系列是保证产品质量的标准，ISO14000 系列标准则是要求组织承诺遵守环境法律、法规及其他要求，并对污染预防和持续性改进作出承诺。在实训后期，要求有 ISO 认证资格的订单逐渐增多，ISO 认证投资规则如表 3-3 所示，规定两项认证投资可以同时进行，认证投资在每年年末进行，期间可以中断投资。每项 ISO 认证投资费用为 100 万元/年，不允许加速投资，ISO 投资完成后的下一年，如果在 ISO 处投放广告费，即可选择带有相应的 ISO 特定要求的订单，当年投资费用会计入当年的综合费用。一般在第 4 年会有少量订单要求有 ISO9000 认证，从第 5 年开始就有较多的订单要求有 ISO14000 认证，而订单对于 ISO14000 的要求比 ISO9000 推后一年，因此，可考虑在第二年或第三年开始对 ISO9000 和 ISO14000 进行认证投资。

表 3-2 **产品研发规则**

产品	Crystal	Ruby	Sapphire
研发时间（季度）	4	6	8
研发投资（百万元）	4	12	16

表 3-3 **ISO 认证投资规则**

质量认证	ISO9000	ISO14000
认证时间（年）	1	2
所需投资（百万元）	1	2

3.2.3 贷款以及贴现规则

贷款总额（长期贷款+短期贷款）应该小于等于上一年所有者权益的 2 倍，短期贷款的利息为 5%，到期还本金加利息，最大贷款时期是 4 个季度。长期贷款的利息为 10%，每年年度末支付利息，到期还款加利息，最长是 4 年，高利贷的额度不限，利息是 20%，到期还本金加利息，最长是 4 个季度。长期贷款的最低贷款限额是 1000 万元，短期贷款的最低贷款限额为 2000 万元。贷款部分在沙盘中的流程如图 3-14 所示。贴现是指应收账款转为现金时，应交付的费用，比例

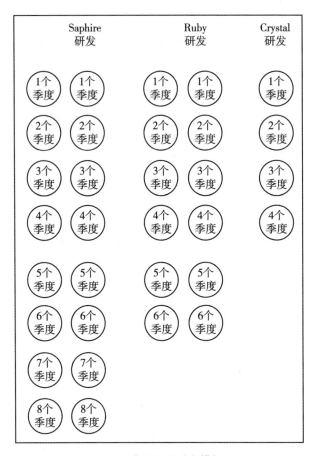

图 3-13 产品研发沙盘模拟图

如表 3-4 所示，例如：拿 4 个季度的 6 个贴现，1 个要交给银行，5 个转为现金。

表 3-4   **应收账款贴现比率**

应收账期（季度）	1	2	3	4
贴现比率	1/12	1/10	1/8	1/6

3.2.4 原材料采购规则

原材料分为四种 M1、M2、M3、M4 每一个原材料均价值 100 万元。前两种

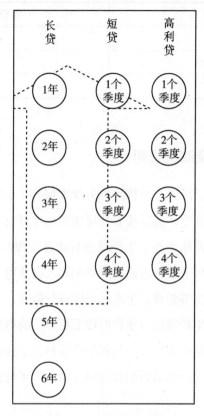

图 3-14　贷款沙盘流程

材料的采购提前期为 1 个季度，后两种材料的采购提前期为 2 个季度。根据表 3-5 可以发现当原材料采购数量小于等于 4 个的时候，可以直接用现金进行购买，当原材料数量大于 5 时根据采购数量的增加，提前期也会相应增加，原材料采购的费用一般计入应付账款中，规定原材料变卖给银行时，按照原价值的 1/2 进行处理，并且小组之间可以进行原材料的相互转让。

表 3-5　　　　　　　　　　　　　原材料采购规则

原料采购	账期（季度）
小于等于 4 个	现金
5~8 个	1

原料采购	账期（季度）
9~12 个	2
13~16 个	3
大于等于 17 个	4

3.2.5　生产线安装及改造规则

生产线购买、转产、维护、出售的相关规则如表 3-6 所示，所有的生产线都能生产所有产品，投资新生产线时按安装周期平均支付投资，全部投资到位的下一季度领取产品标识，开始生产。生产线进行产品变更时需要进行相应的改造，现有的生产线进行改造时需要一定的改造周期和改造费用，当年在建的生产线和当年出售的生产线不用交维护费。生产线可以进行搬迁，全自动和柔性的生产线需要一定的搬迁周期。生产线进行出售时按照折旧后的净值进行折算，如果生产净值小于残值，将净值转换成现金，如果生产净值大于残值，将相当于残值的部分转换成现金。每年的生产线的折旧按照原价值的 5 年均值进行折旧。

表 3-6　　　　　　　　　　生产线相关规则

生产线	购买价格 （百万元）	安装周期 （季度）	搬迁周期	加工周期 （季度）	改造周期 （季度）	改造费用 （百万元）	维护费用 （百万元/年）
手工线	5	1	无	3	无	无	1
半自动	10	2	无	2	1	2	1
全自动	15	3	1	1	2	6	2
柔性线	25	4	1	1	无	无	2

3.2.6　厂房购买及租用规则

厂房在出售时，需经过应收账款才能收现，出售后转租，每年交纳租金，厂房也可以抵押给银行，抵押期为 5 年，算作长期贷款，年底交利息。不同厂房的容量和价格不同，年底决定厂房是购买还是租赁，出售厂房进入 4 个季度应收款，购买后将购买价放在厂房价值处，厂房不提折旧。厂房相关规则如表 3-7 所示。

表 3-7　　　　　　　　　　　　**厂房相关规则**

厂房	购价（百万元）	租金（百万元/年）	售价（账期）	容量
新华	40	6	4000 万元（2 个季度）	4 条生产线
上中	30	4	3000 万元（1 个季度）	3 条生产线
法华	15	2	1500 万元	1 条生产线

3.2.7　生产管理规则

产品的结构图如图 3-15 所示，Beryl 的生产需要一个 M1，Crystal 需要一个 Beryl 加上 1 个 M2，Ruby 的生产需要一个 M2 和 2 个 M3，Sapphire 的生产需要 1 个 M2 加 2 个 M3 加 1 个 M4。除了原材料的费用外每条产品线还需要 100 万元的加工费用，因此生产一个 Beryl 的费用为一个原材料 M1 价值 100 万元加上人工费用 100 万元共计 200 万元。因此 Beryl 的价值为 200 万元，同理 Crystal 的价值为 400 万元，Ruby 的价值为 400 万元，Sapphire 的价值为 500 万元。企业之间可以互相买卖，价格由双方协商。还可以对外来材料进行加工，也可以采用完全外包加工的方式，价格可以由双方进行协商。产品计件加工费用如表 3-8 所示。

表 3-8　　　　　　　　　　　　**产品计件加工费用**

产品	手工线（百万元）	半自动（百万元）	全自动（百万元）	柔性线（百万元）
Beryl	1	1	1	1
Crystal	2	1	1	1
Ruby	3	2	1	1
Sapphire	4	3	2	1

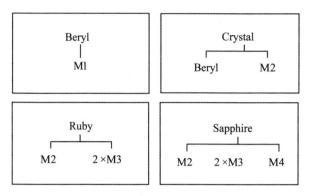

图 3-15　产品结构图

3.2.8　广告投入规则

每年年初各企业在 CEO 的带领下，按照营销总监对市场的分析，商讨广告费投入，广告费的投入直接取决于年度营销策略。广告费投放单如表 3-9 所示（以第 4 年度为例），广告费的投入需遵循以下原则：

（1）每个市场至少投入 100 万元广告费才能有资格参与选单。

（2）如果年初未在以开拓的某个市场进行广告费的投入，则视为放弃该市场，以后不能在该市场进行广告投放和选单。

（3）每增加 200 万元的广告费有可能多选一个订单，即 300 万元可能获取 2 个订单，500 万元可能获取三个订单，以此类推。

表 3-9　　　　　　　　　　　　　　第 4 年度的广告费投放单

年度	市场类别	Beryl	Crystal	Ruby	Sapphire
第四年	本地				
	区域				
	国内				
	亚洲				
	国际				

3.2.9 订单争取和交货规则

订单组成如图 3-16 所示，该订单表示需要本地的 Beryl 产品 4 件，每件 430 万元，交货期为 2 个季度，账期为 1 个季度，并且该产品需要 ISO9000 认证。因此接受该订单的前提是必须先获得 ISO9000 的认证。如果订单上有"加急!!!"的字样，表示此订单为加急订单，必须在一个季度交货。

```
Beryl（第四年度，本地）
4×4.3（百万）=17（百万）ISO9000
账期：1个季度 交货：2个季度
```

图 3-16 订单样式

订单争取的规则如下：

（1）第一年按照广告投入排名，价高者获取该订单。

（2）第二年起，上一年度销售量最大者优先选该市场该产品的订单。

（3）剩余订单再按照广告投入排名进行选择。

（4）当两组本年广告投入相同时，按照在该市场上所有产品的广告投入总量进行排名，如果两组的市场投入总量也相同，则进行竞价。

根据表 3-10 可以知道在本地市场的投入上，Beryl 产品的订单由第 2 小组获取，Crystal 产品的订单由第 6 小组获取，Ruby 产品的订单由第 2 小组获取，Sapphire 产品没有小组投入。排名的计算方式是根据以上的订单争取规则来的，由于第 2 小组在 Beryl 产品的销售额最高，因此拥有优先获取 Beryl 产品订单的权利，接着根据广告投入第 1 小组排在第 2 位，再根据总广告投放量，第 3 小组和第 5 小组并列第 3 位，第 6 小组排在第 6 位。其他产品的排名依次类推。

表 3-10 广告投放单以及排名结果

小组	本年度市场投入					排名				上年度销售额			
	Beryl	Crystal	Ruby	Sapphire	合计	Beryl	Crystal	Ruby	Sapphire	Beryl	Crystal	Ruby	Sapphire
1	3	1			4	2	4			13	27		

续表

	本年度市场投入				排名				上年度销售额		
2	1		4	5	1		1		15		32
3	1	4		5	3	2			13	34	
4			1	1			4				
5	1	1	3	5	3	3	2		15	20	20
6		1	1	2		1	3			30	

订单交货规则为：

（1）普通订单按照规定的交货期进行交货，不提前交货。

（2）加急订单，1个季度（Q1）后交货。

（3）如果无法按时交货：每过一个季度，按订单金额的1/5进行罚款，交货后将订单上的账期放入应收账款，对应的账期如图3-17所示。

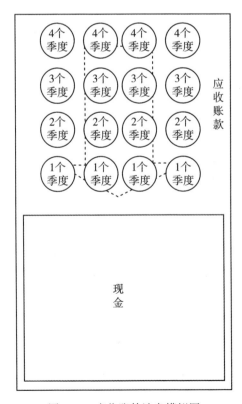

图3-17 应收账款沙盘模拟图

3.2.10　费用支出与税金规则

综合费用包括：行政管理费、广告费、设备维护费、设备改造费、租金、产品研发、市场开拓、ISO 认证以及其他。

生产线的折旧按照原价值 5 年平均进行折旧，所交税金为当年利润的 33%，下一年初缴纳，当企业弥补前五年亏损而盈利之后，所得税的计算方法为：（税前利润+前五年净利润之和）×33%。

3.2.11　取整与破产规则

在取整规则方面，除了税金是四舍五入，其他的都采用向下取整的规则，并且规定任一经营期内，当所有者权益小于零和现金断流时为破产，破产后企业仍可以继续经营，但必须严格按照产能争取订单（每次竞单前需向裁判提交产能报告），严格按照明确的规定进行资金注入，破产的对抗参赛队伍不参加最后的成绩排名。企业破产后可以由其他企业进行并购，注入的资本大于等于弥补该企业当年所有者权益，并且独立进行运营，股权比率为注册金额/（注册金额+总资产），合并时注入金额应该大于等于该企业一年内到期的负债额，并且由集团企业运营。

3.2.12　其他规则

（1）财务报表必须真实，如果查出假账，将处以相差金额的 5 倍罚款。

（2）必须按照规则运作，每发现一次违规，处以 100 万元的罚款。

（3）银行贷款必须和银行协商，不能私自贷款，或者延长贷款期限。每发现一次违规，将处以 500 万元的罚款。

（4）盘面信息真实，每发现一次作假，将处以 100 万元的罚款。

（5）必须按照操作顺序进行，不能私自修改顺序。每发现一次违规，将处以 100 万元的罚款。

（6）原材料采购、成品摆放必须按照位置，不能混用。每发现一次违规，将处以 100 万元的罚款。

（7）每年度末提交报表，如果未按时提交，罚款：100 万元/10 分钟。

3.3 初始状态的设定

3.3.1 生产中心设定

目前，在起始年，该企业拥有的固定资产共计 5200 万元，其中包括新华厂区，价值 4000 万元，设备价值 1200 万元。企业目前已经拥有 4 条生产线如表 3-11 所示，包括 3 条手工生产线和 1 条半自动生产线，尚无在建生产线。其中有 1 条手工生产线原价值为 500 万元，使用了 3 年之后净值为 200 万元，另外两条手工生产线原价值为 500 万元，使用了 2 年之后的净值为 300 万元，半自动生产线的原值为 1000 万元，使用 3 年之后的净值为 400 万元。财务总监应该取四个空桶分别装入 200 万元、300 万元、300 万元、400 万元放置于沙盘盘面的生产中心的生产线下 "净值" 处。在制品有 3 个，每个价值 200 万元，共计 600 万元，其中生产周期为 2 个季度的生产线有 200 万元，生产周期为 3 个季度的生产线有 400 万元，其中 200 万元在第 3 周期，200 万元在第 2 周期。

表 3-11　　　　　　　　　　初始年生产线折旧

生产线	原值	已使用年数	已提折旧	图示
生产线 1	5	3	3	
生产线 2	5	2	2	
生产线 3	5	2	2	
生产线 4	10	3	6	

3.3.2 物流中心设定

企业拥有原材料 M1 有 2 个，每个价值 100 万元，共计 200 万元，有两个原材料采购订单。采购总监应将两个空桶各放置 100 万元放入原材料库处。企业拥有成品库中有 Beryl 共 3 个，每个价值 200 万元，折算为现金时 600 万元，生产总监应用三个空桶各放置 1 个 M1 和一个 100 万元，将桶放置在沙盘盘面的产品库处。企业在初始年接收到了一个订单如图 3-18 所示，本地市场的 Beryl 产品共六个，价格为每个产品 600 万元，一共得到的销售收入为 3600 万元，交货期为 3 个季度，到账期为 1 个季度。

Beryl（起始年，本地）

6×6（百万）=36（百万）

账期：1 个季度　　交货：3 个季度

图 3-18　起始年的销售订单

3.3.3　财务中心设定

起始年的现金为 2400 万元，应收款为 1400 万元，其中 2 个季度和 3 个季度分别 700 万元。短期贷款为 2000 万元，其中 3 个季度和 4 个季度的分别为 1000 万元。财务总监应将取两个桶分别放入 700 万元，将其放在沙盘盘面应收账款的"二期"和"三期"处。取两个各含 1000 万元的桶，将其放在短期贷款的"三期"和"四期"处。

3.3.4　营销与规划中心设定

该企业在初始年已取得生产 Beryl 产品的资格，并且已经开辟本地市场，拥有本地市场的准入资格，在未来一年内可以接受来自本地的 Beryl 订单。

3.4　企业运营练习

企业运营练习包括起始年运行和自主经营 7 年，每年分为四个季度进行运行，起始年由老师带领学生一起模拟练习 1 年，可以让学生熟悉规则与流程，快速进入角色，明确不同岗位的职责，了解财务报表的填写顺序以及计算方式。后面 7 年则由各小组单独完成。

3.4.1 起始年运行

3.4.1.1 起始年说明

起始年相当于在之前的管理层的带领下正常运行一年，因此不做投资、融资、贷款等重大决策，并且在起始年的经营中存在以下假设：

（1）年初无需支付广告费，每个企业都可以获得一个相同的订单（如图 3-18 所示）。

（2）起始年不进行任何的投资，不投资新的生产线、厂房，不开拓新市场，不进行 ISO 认证。

（3）起始年除了归还快到期的 2000 万元的短期应付款，还要在期末进行 2000 万元的长期贷款。

（4）每个季度根据下季度生产线的空域情况下 100 万元原材料的采购订单。

（5）起始年研发产品 Crystal，每个季度支付研发费用各 100 万元。

起始年的运行流程包括填写任务清单如图 3-19 所示，起始年订单，现金流量表，财务报表，其中任务清单中包括年初以及四个季度的运营任务，在完成每一项任务时就在后面的方框中打勾。财务报表包括期初和期末的资产、负债和所有者权益以及综合管理费用明细表和损益表。

3.4.1.2 年初任务

年初，由 CEO 带领自己团队讨论企业本年度的经营计划，首先缴纳上一年度的税款，由财务总监从现金库中取出对应金额的货币然后上交给市场，然后决定该年度的广告费投入，由于是起始年，所以各企业无需支付广告费便可以获得一个订单，并将此订单登记到如表 3-12 所示的订单登记表中。在独立经营过程中，订单的争取需要依靠每个企业去年的市场占比，以及当年广告费的投入来进行分配。

起始年

任务清单

每年年初：(根据提示，完成部分打勾)
（1）支付应付税(根据上年度结果)　□
（2）支付广告费　□
（3）登记销售订单　□

	一季度	二季度	三季度	四季度
每个季度：				
（1）申请短期贷款/更新短期贷款/还本付息	□	□	□	□
（2）更新应付款/归还应付款	□	□	□	□
（3）更新原料订单/原材料入库	□	□	□	□
（4）下原料订单	□	□	□	□
（5）更新生产/完工入库	□	□	□	□
（6）投资新生产线/生产线改造/变卖生产线	□	□	□	□
（7）开始下一批生产	□	□	□	□
（8）产品研发投资	□	□	□	□
（9）更新应收款/应收款收现	□	□	□	□
（10）按订单交货	□	□	□	□
（11）支付行政管理费用	□	□	□	□

年末：
（1）申请长期贷款/更新长期贷款/支付利息　□
（2）支付设备维护费　□
（3）支付租金/购买建筑　□
（4）折旧　□
（5）新市场开拓投资 /ISO资格认证投资　□
（6）关账　□

图 3-19　起始年的任务清单

表 3-12　　　　　　　　**起始年订单登记表**

项目	1	2	3	4	5	6	合计
市场	本地						
产品名称	Beryl						
账期	1 个季度						
交货期	3 个季度						
单价(百万元)	6						
订单数量	6						
订单销售额	36						

续表

项目	1	2	3	4	5	6	合计
成本	12						
毛利	24						

3.4.1.3 第一季度任务

（1）财务总监对季初的现金进行盘点，可知季初的现金为 2400 万元，计算扣除所得税之后现金库中剩余的现金数并在对应表格内进行填写。

（2）申请短期贷款/更新短期贷款/还本付息。该过程是由财务总监决定该季度是否要进行短期贷款，并对已经拥有的短期贷款进行更新。起始年的短期贷款为 2000 万元，因此在沙盘上将 2 个装有 1000 万元的桶各往前推一格。不进行新的短期贷款。

（3）更新应付款/归还应收款。该选项是当企业有赊购行为出现时，此内容会发生，起始年没有该任务，因此不做任何记号。

（4）更新原料订单/原材料入库，对于具有提前订货期的原材料，可以将沙盘盘面的原材料进行更新，生产总监在财务总监那里领取了相应现金之后交给市场并领取对应的原材料。本季度材料库中剩余原材料 400 万元。

（5）下原料订单，根据该年获取的订单数量，计算所需要的原材料的数量，对原材料进行采购。该季度无需订购原材料。

（6）更新生产/完成入库，对处于生产线上的在制品进行更新，将生产完的在制品放入成品库，并在对应的方框内打勾。起始年的 2 号生产线上有一个在制品生产完成。其他两条生产线上的产品往前推一格。更新完成后，成品库中剩余 4 个 Beryl 成品。

（7）投资生产线/生产线改造/变卖生产线，该选项表示对生产线的处理情况，由于起始年对生产线没有进行任何的改变，因此不用做任何记号。

（8）开始下一批的生产，此时有 2 条空闲的手工生产线可以进行生产，生产总监将对应的原材料和人工费放入生产线进行生产。

（9）产品研发投资，决定是否对新产品进行研发，不同产品的研发周期和费用都不一样，因此决定研发之后需要财务总监记录研发产品的投入资金，生产总监将资金放入产品研发的沙盘盘面对应的位置。起始年支付 Crystal 产品的研发费用为 100 万元。

（10）更新应收款/应收款体现，将现有的应收账款往前挪动一期。

（11）按订单交货，如果该期有需要交货的订单，则盘点成品库看是否满足交货要求，满足则进行交货，并将收到的货款放入应收账款；不满足交货要求直接跳过。

（12）支付行政管理费用，每个季度的行政管理费为 100 万元。

（13）期末现金对账，将本季度支出和收入的现金进行合计，加上本季度初的现金，得到本季度剩余的现金，与现金库中的账目进行对比看是否一致，如果不一致，说明操作过程中存在问题，根据现金收支检查盘面的操作是否正确。根据季初现金盘点 2400 万元减去现金支出 700 万元剩余 1700 万元。

3.4.1.4　第二季度任务

第二季度的运营业务与第一季度基本一致，故只针对不一致的任务进行介绍。

（1）季初现金盘点，根据上季度期末现金库余额，可以得到本季度期初的余额为 1700 万元。

（2）更新原料订单/原材料入库，将上一季度订购的一个 100 万元放入材料库中，并支付采购费用 100 万元，材料库中剩余一个原材料 100 万元。

（3）下原料订单，本季度下 1 个 100 万元的原材料订单。

（4）更新生产/完工入库，半自动生产线上的产品生产完成，将获得的成品放入成品库，成品库中剩余 Beryl 成品 5 个。

（5）开始下一批生产，此时分别只有一条半自动的生产线，组合一个 Beryl 在制品放在空闲的生产线上。财务总监在现金流量表中加工费用处填 2。

（6）产品研发投资，支付 Crystal 产品的研发费用 100 万元。

（7）更新应收账款，将应收账款均往前推一格，并将到期的应收账款 700 万元放入现金库。

（8）由于还未到交货日期，因此该季度不进行交货，也没有相应的应收款。

（9）支付行政管理费 100 万元。

（10）期末现金盘点，季初现金盘点 1700 万元减去现金支出 300 万元剩余 1400 万元再加上现金收入 700 万元，得到季末的现金库存为 2100 万元。

3.4.1.5　第三季度任务

（1）根据上季度末的库存现金得到本季度初的库存现金为 2100 万元，财务总监在本季度的期初余额填 21。

（2）申请短期贷款/更新短期贷款/还本付息，该季度归还短期贷款及利息共 1050 万元。

（3）原材料入库/更新原材料订单，将上季度订购的一个原材料入库，并支付原材料费用 100 万元，原材料库中剩余 1 个原材料。

（4）下原料订单，本季度下 3 个 M1 的原材料订单。

（5）更新生产/完成入库，将生产线上的产品往前推一格，将完工的产品放入成品库，此时成品库中剩余的产品数量为 Beryl 共 6 个。

（6）开始下一批生产，此时有一个手动生产线出于空闲状态，因此分别放入一个原材料 M1 和 100 万元的人工费在生产线上。财务总监在现金流量表中加工费用处填 1。

（7）产品研发投资，支付 Crystal 产品的研发费用 100 万元。

（8）更新应收账款，将应收账款均往前推一格，并将到期的应收账款 700 万元放入现金库。

（9）按订单交货，第三季度已经到了订单所需要的交货日期，因此将成品库中的 6 个 Beryl 产品交与市场，并将获得的 3600 万元的现金放入应收账款的 1 季度处。

（10）支付行政管理费用 100 万元。

（11）期末现金盘点，季初现金盘点 2100 万元减去现金支出 1450 万元剩余 650 万元再加上现金收入 700 万元，得到季末的现金库存为 1350 万元。

3.4.1.6　第四季度任务

（1）季初现金盘点，根据上季度末的库存现金得到本季度初的库存现金为

1350 万元，财务总监在本季度的期初余额填 13.5。

（2）申请短期贷款/更新短期贷款/还本付息，该季度归还短期贷款及利息共 1100 万元，并申请新的短期贷款 2000 万元放入现金库。

（3）原材料入库/更新原材料订单，将上季度订购的一个原材料入库，并支付采购费用 300 万元，原材料库中剩余 3 个原材料。

（4）下原料订单，本季度下 1 个 M1 的原材料订单。

（5）更新生产/完成入库，将生产线上的产品往前推一格，将完工的产品放入成品库，此时成品库中剩余的产品数量为 Beryl 共 3 个。

（6）开始下一批生产，此时有两条手动生产线和一条半自动生产线处于空闲状态，因此分别放入一个原材料 M1 和 100 万元的人工费在生产线上。财务总监在现金流量表中加工费用处填 3。

（7）产品研发投资，支付 Crystal 产品的研发费用 100 万元。

（8）更新应收账款，将应收账款均往前推一格，并将到期的应收账款 3600 万元放入现金库。

（9）按订单交货，此季度没有需要交货的订单。

（10）支付行政管理费用 100 万元。

（11）期末现金盘点，季初现金盘点 1350 万元加上现金收入 5600 万元减去现金支出 1850 万元剩余 5100 万元，得到季末的现金库存为 5100 万元。

3.4.1.7　年末任务

（1）申请长期贷款/更新长期贷款/支付利息，起始年申请长期贷款 2000 万元。

（2）支付设备维护费，每条生产线 100 万元，共 400 万元。财务总监在设备维护费对应的地方填入 4。

（3）支付租金/购买建筑，起始年没有此项业务发生。

（4）计提折旧，按照生产线的原值的 1/5 进行提取，手工生产线净值中各取出 100 万元，半自动生产线净值中取出 200 万元。

（5）新市场开拓投资/ISO 资格认证投资，起始年没有这项业务，直接跳过。

（6）关账，盘点该年度总的收入支出，并将结果写入下一年的期初。

（7）期末现金对账，第四季季末的5100万元减去设备维护费400万元，加上长期贷款2000万元，剩余6700万元。一年的经营结束，得到的现金流量如表3-13所示。

表3-13　　　　　　　　　　　　起始年的现金流量表

项目	1	2	3	4
应收款到期（+）		7	7	36
变卖生产线（+）				
变卖原料/产品（+）				
变卖厂房（+）				
短期贷款（+）				20
高利贷贷款（+）				
长期贷款（+）				20
收入总计	0	7	7	76
支付上年应交税	3			
广告费	0			
贴现费用				
归还短期贷款及利息			10.5	10.5
归还高利贷及利息				
原料采购支付现金	0	1	1	3
成品采购支付现金				
设备改造费				
生产线投资				
加工费用	2	1	1	3
产品研发	1	1	1	1
行政管理费	1	1	1	1
长期贷款及利息				
设备维护费				4

续表

项目	1	2	3	4
租金				
购买新建筑				
市场开拓投资				
ISO 认证投资				
其他				
支出总计	7	4	14.5	22.5
现金余额	17	21	13.5	67

表 3-15 显示的是起始年的损益，根据物流中心的设定中起始年份的订单可以计算得到起始年的销售收入为 36，成本为 6×2＝12，通过表 3-14 可以知道起始年的综合费用为 8，加上 4 条生产线的折旧一共为 5，财务净损益指的是当年贷款应交的利息等于 5%×当年的短期负债+10%×长期负债。因此可以计算得到起始年的财务净损益为 5%×20＝1。所以营业利润等于毛利减去综合费用、折旧和财务损益等于 10，扣除 30%的所得税之后剩下的就是净利润。

表 3-14　　　　　　　　　　起始年综合费用表

行政管理费	4
广告费	0
设备维护费	4
设备改造费	
租金	
产品研发	
市场开拓	
ISO 认证	
其他	
合计	8

表 3-15　　　　　　　　　　　**起始年损益表**

项目	去年	期末数
一、销售收入	40	36
减：成本	17	12
二、毛利	23	24
减：综合费用	8	8
折旧	4	5
财务净损益	1	1
三、营业利润	10	10
加：营业外净收益		
四、利润总额	10	10
减：所得税	3	3
五、净利润	7	7

　　表 3-16 表示该公司起始年的资产负债表，其中期末数按照当年期末时盘点的数据进行填写，而期初的数据根据上一年的期末数据进行填写，资产总计等于负债加上所有者权益，资产包括流动资产和固定资产，流动资产又包括现金、应收账款、原材料、产成品以及在制品。固定资产包括土地建筑、机器设备、在建工程。负债包括短期负债、应收账款、应交税金和长期负债，其中应交税金来源于表 3-15 中的所得税，所有者权益包括股东资本、以前年度利润和当前净利润，其中股东资本是不变的，以前的年度利润来源于上一年度的期末利润，期末数的以前年度利润等于期初的以前年度利润加上期初的当年净利润。最终计算得到起始年年末的资产总计为 13100 万元，负债和所有者权益总计也为 13100 万元。

表 3-16　　　　　　　　**起始年××公司资产负债表**　　　　　（单位：百万元）

资产	年初数	期末数	负债及所有者权益	年初数	期末数
流动资产			负债		
现金	24	67	短期负债	20	20
应收账款	14	0	应付账款	0	0

资产	年初数	期末数	负债及所有者权益	年初数	期末数
原材料	2	3	应交税金	3	3
产成品	6	6	长期负债	0	20
在制品	6	8			
流动资产合计	52	84	负债合计	23	43
固定资产			所有者权益		
土地建筑	40	40	股东资本	70	70
机器设备	12	7	以前年度利润	4	11
在建工程	0	0	当年净利润	7	7
固定资产合计	52	47	所有者权益合计	81	88
资产总计	104	131	负债及所有者权益合计	104	131

3.4.2　第一年运行

第一年由于广告投放标准不确定，市场需求有限，如何获取相应的订单成了本年度的重点问题，同时该年度可以考虑是否应该尽早开拓市场、改造生产线和开发新产品。根据现有的资金，以及各环节的提前期进行相应的战略抉择。根据不同市场产品的销量预测以及单价预测，选择相应的产品和市场进行开发。如果想在第二年拿取区域市场的订单或者第三年获取国内市场的订单，就需要在本年度对区域市场和国内市场进行开发。某些企业可能直接跳过区域市场，直接开发国内市场。本年还需归还起始年的短期贷款 2000 万元，因此由于生产和开发新市场的需要可能需要进行相应的长期贷款。

3.4.3　第二年运行

第二年区域市场已经开放，对于第一年获得较大市场份额的企业可以考虑第二年继续在该市场区域选择订单，并将广告费投入其他市场区域或产品。其他企业由于第一年投入的广告费用较少，因此可以考虑在其他市场或者产品上投入较多的广告费获取一定的利润，从而开拓新的产品和市场以及进行 ISO 认证，为之后的订单获取打下一定的基础。其次由于后期产品的需求量越来越高，企业可以考虑提前对生产线进行改造以适应后期的大量生产。本年度各种产品、市场的开发以及生产线的改造使得大部分企业处于亏损状态。

3.4.4　第三年运行

第三年 Ruby 产品的国内市场已经开放，在第一年研发的 Ruby 和国内市场的企业可以在这一年投放相应的广告费获取订单，同时根据产品的单价预测，也可以选取单价高的市场进行广告费的投放。到第三年企业会发现本地市场 Beryl 的订单需求已经开始有所下滑，Crystal 和 Ruby 的需求在逐步上升，并且新产品 Ruby 的价格也明显高于 Beryl 的价格。因此在该年度已有部分企业开始扭亏为盈

3.4.5　第四年运行

经过前三年的经营，企业基本已经开放了区域和国内市场，产品上也开发了三种新的产品 Crystal、Ruby 以及 sapphire，部分企业的亚洲市场也开放成功，因此本年度的订单量将会飞速增长，企业需要把握好机会，在产品和市场的广告费投入上进行相应的战略部署以获取最大额的订单量，并且于本年度末需要归还起始年长期贷款 2000 万元。第四年末需要对企业的关键指标进行计算包括销售利润率、资产周转率、毛利率、负债与股东权益的比率、现金流，以及流动性。通过关键指标的评分来查看企业在整个市场所处的地位。

3.4.6　第五年运行

到了第五年，大部分企业的产品开发和市场开拓已经进入尾声，小部分前几年为未到订单的企业，应抓紧时间开拓市场，改进生产方式来获取更多的利润，使企业从亏损逐渐走向盈利。

3.4.7　第六年运行

到第六年，产品和市场基本上都开发完成，形成了自己的发展战略，因此从该年份开始，企业的重点任务是提升企业的综合竞争力，持续正常经营，获取更多的订单和市场份额，如果在第一年拥有长期负债的企业，该年度应该偿还第一年的长期负债。

3.4.8 第七年运行

企业经营的最后一年，企业的运营也应是井井有条，对订单的获取和广告费的投入应该是经过科学分析后的数字，企业内的每个成员也都应当坚持岗位到最后，除了完成第六年的任务清单、订单表、现金流量表和财务报表外，还应对整个经营过程进行整理和回顾，撰写小组总结和个人心得体会，完成实训报告。

第4章　实验工具的使用

4.1　Excel 模型的开发和使用

4.1.1　Excel 的基本使用技巧

4.1.1.1　数据修改和填充

Excel 的基本操作包括新建、修改和保存工作簿，在工作簿中添加数据，设计数据表的格式，数据的自动填充等。对于数据的输入可以采用手动输入也可以采用外部文本进行转化，步骤为"数据"—"自文本"。对于数据表的格式的修改一般在右键的"设置单元格格式"中进行，数据的自动填充一般是将鼠标指针移动到该区域的右下角的填充柄并下拉到需要的位置。对于稍微复杂一点的填充会采用"开始"—"编辑"—"填充"—"序列"的步骤进行填充设置。还可以进行自定义序列的填充，步骤为"文件"—"选项"—"高级"—"常规"—"自定义序列"。

4.1.1.2　图表的认识和建立

Excel 中的图表可以使用户对于数据的变化、发展趋势、变化周期、变化速度和变化幅度有一个形象、直观的把握。Excel 共提供了 10 种标准的图表类型，每一种图表类型还包括很多不同的子图表类型。柱状图可以描述不同时期数据的变化和描述各分类项之间的差异。折线图可以显示数据的变化趋势，主要包括一般折线图、堆积折线图、百分比折线图以及三维折线图。饼图是将一个圆面划分为若干个扇形面，每个扇面代表一项数据值，一般只显示一组数据系列，用以表示每一项数据占总体的百分比。饼图主要包括三维饼图、复合饼图、复合条饼图、圆环图。条形图一般是用水平的横条或竖直的横条长度来表示数据值的大小，主要分为簇状条形图、堆积条形图、百分比条形图等。散点图由横纵坐标构成的一系列点组成，一般包括 6 个子类型，分别为：散点图、带平滑线和数据标签的散点图、带平滑线的散点图、带直线的散点图、气泡图和三维气泡图。除此之外还包括股价图、曲面图、雷达图和组合图等。其中每个图表类型的侧重点不一样，柱形图和条形图侧重于显示数量，折现图侧重于显示数量的变化趋势，饼图侧重于显示数量的占比，散点图和雷达图则侧重于显示自变量和因变量之间的关系。

对于图表的建立，我们一般选择所需的数据然后点击"插入"—"图表"—"所有图表"，接着选择所需要插入的图表，图表一般由图表区、绘图区、图例、坐标轴、数据系列、网格线、标题等 7 部分构成，每一个元素都有其默认特定的位置、功能和外观等。在添加完图表之后可以再根据需要修改图表的相关元素签，比如：修改图例的位置、修改标题、设置坐标轴格式以及对图表中的图形进行色彩的填充、添加"趋势线"等元素。

4.1.2　函数、公式与宏的使用

Excel 函数是为了满足各种数据处理的需求预先编制好的用于数值计算和数据处理的一系列公式，我们常用的 Excel 函数一般包括：财务函数、日期与时间、数值与三角函数、统计函数、查找与引用函数、逻辑函数等。Excel 函数一般由函数名称和参数、括号组成。在使用函数时只需在对应的单元格中输入"＝"再输入函数就能直接得到对应的函数值。每一个函数的功能、用法以及参数都有所不同，比如一般常用的逻辑函数 IF（Logical，Value_if_true，Value_if_false）中，Logical 代表逻辑判断语句，Value_if_true 表示当判断条件为真的时候的返回值，Value_if_false 表示当判断条件为假的时候的返回值。SUMIF 一般用来计算指定条件单元格的数值之和。日期函数有 DATAIF 函数，一般用来计算返回两个日期参数的差值，today 函数一般用来返回当前的时间。还有一些文本函数，LEFT 函数指从一个文本字符串的第一个字符开始，截取指定数目的字符。MID 函数是从一个文本字符串的指定位置开始，截取指定数目的字符串等。在统计中常用 RANK 函数进行排序，RANK 函数用来返回某一数值在一列数值中的相对于其他数值的排位。SUM 函数、MAX 函数、MIN 函数以及 AVERAGE 函数等，分别用来计算一组数据的和、最大值、最小值和均值等。在财务管理中常用的函数有 FV 用来计算未来值、NPER 计算期间数、PMT 计算定期支付数额、PV 用来计算现值、RATE 用来计算投资或贷款的利率和贴现率。对于函数的使用除了直接在单元格输入之外，对于不清楚格式的函数可以通过步骤"公式"—"插入函数"来根据系统步骤进行函数的插入。

Excel 中的公式一般由常用的运算符组成，在单元格中输入"="以及公式便可以得到公式的返回值，公式计算的顺序一般也是根据运算符的优先次序进行计算。"Ctrl+"可以在公式内容与公式结果之间进行切换以便于对公式进行查看。在引用单元格前面加入"＄"代表绝对引用在进行单元格填充时不会改变其引用的位置，相对引用则指的是相对位置，在单元格的填充过程中会随着公式的位置改变参数对应点的位置。

宏是指利用 Excel 内置的编程语言 VBA（Visual Basic for Applications）编写的能在 Excel 环境里运行的一系列操作指令，可以几乎替代手动操作，因此其可以帮用户自动完成重复、批量的任务。宏的使用一般分为录制宏、执行宏、编辑宏。录制宏的步骤一般为选择"视图"—"宏"功能组中的录制宏，为所设定的宏命名并设置快捷键便可以进行宏的录制，在录制宏之前选择需要进行处理的数据，这样录制的宏便可以对任意数据进行同样的处理，单击录制宏之后进行相应的操作，完成后点击结束宏，并将该文件另存为"启用宏的工作簿"的文件类型，并以".xlsm"的扩展名保存。在执行时可以直接使用所设定的快捷键也可以按照步骤"视图"—"查看宏"—"执行"的顺序进行。对于宏的编辑可以选择快捷方式"Alt+F11"进行查看，也可以在"开发工具"—"Visual Basic"中进行编辑如图 4-1 所示。

4.1.3　Excel 财务分析

财务分析也称为财务报表分析，是运用财务报表的有关数据对企业的既往财务状况、经营成果以及未来前景的一种评价。财务报表一般包括资产负债表、利

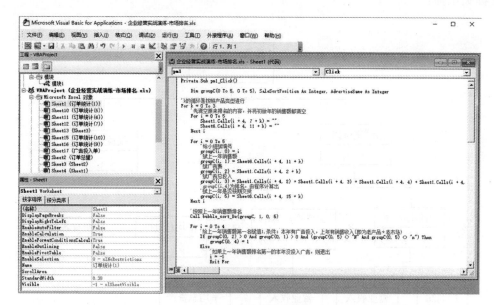

图 4-1 宏的编辑界面

润表以及现金流量表等。在沙盘模拟中利用 Excel 进行财务分析的首要步骤就是将财务报表的模型输入到 Excel 中，根据每年的实际经营情况对企业的财务状况进行填写，然后利用函数和公式计算部分单元格中的数据并生成相应的财务报表。根据所得的财务报表可以利用 Excel 中的公式得到相关的财务分析指标，例如：速动比率、应收账款周转率、销售净利率等都可以通过公式利用财务报表中的相关数据进行计算。根据企业在 7 年内的经营得到的财务指标，利用 Excel 中的图表功能可以绘制成不同类型的财务指标变化图，以便观察企业在 7 年的经营过程中整个财务状况的变化，对于同样的图表格式可以采用录制宏的方式进行绘制，选中所需要的财务指标数据便可以得到相应的图表形式。

4.1.4 Excel 杜邦模型

杜邦分析法是一种用来评价企业盈利能力和股东权益回报水平的方法，利用主要的财务比率之间的关系来综合评价企业的财务状况。它的基本思想是将企业净资产收益率逐级分解为多项财务比率的乘积，从而有助于深入分析比较企业经营业绩。杜邦分析法的整体结构如图 4-2 所示，其中几种主要的财务指标关系为：

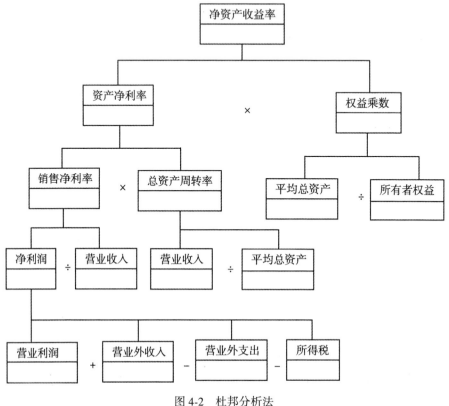

图 4-2　杜邦分析法

（1）净资产收益率＝资产净利率×权益乘数

（2）资产净利率＝销售净利率×总资产周转率

（3）销售净利率＝净利润/营业收入

（4）总资产周转率＝营业收入/平均总资产

（5）权益乘数＝平均总资产/所有者权益

（6）净利润＝营业利润+营业外收入-营业外支出-所得税

杜邦模型在 Excel 中的实现主要分为以下几个步骤：

（1）新建一张空白工作簿，将杜邦模型中的各项指标设置为项目框，并用直线将有关的项目框连接起来反映各项目之间的关系，并将项目框的名称改为对应的财务指标。

（2）根据资产负债表、利润表、现金流量表将对应的数据进行数据链接，例如：营业收入项目框中的数据链接＝利润表！D3

（3）根据杜邦模型中的计算公式在对应的项目框中定义公式，最终得到杜邦模型中的所有财务指标。

4.2　Excel 模型在沙盘中的实际运用

沙盘模拟需要学生做出各种方面的决策，而为了使决策变得更加准确，防止出现资金分配不合理而产生的破产、手工进行财务预算而出现的效率低下以及计算错误，往往会采用的一定的量化分析，Excel 作为我们常用的一种分析工具，在沙盘模拟中也具有很好的应用。

4.2.1　产品选择策略

根据市场预测，利用 Excel 画图工具可以画出各种产品在不同市场的市场预测图以及价格走势图，根据图表可以选择最优的产品开发战略。例如，可以比较每种产品的开发成本、每个市场上不同年度的需求量和价格变化进行综合评分最终选定主打和优先开发的产品

4.2.2　生产线投资策略

生产线投资的决策可以根据其对四种产品的投资回收期来判断其和产品的匹配度，投资回收期越短说明该生产线生产该产品越划算。投资回收期的计算可以利用 Excel 中的函数进行。将产品本年度和上年度的现金流量输入表格，由 Excel 自动计算出不同生产线的产品对应的投资回收期。根据计算结果选择最优的投资策略。

4.2.3　财务预算

由于经营时间不够长，企业可能会产生全额长期贷款还是短期贷款的问题，长期贷款虽然利息高但是企业的还贷压力小有足够的现金流进行生产，短期贷款虽然利息低但是贷款时间短，会带来一定的还贷压力，由于短期贷款每个季度都

可以操作，因此，可以只需考虑本季度现金是否够用即可，利用 Excel 计算公式为：T＝季度初现金－应还短期贷款＋到期应收账款－产品研发投资－原材料采购支付现金－生产线投资－生产上线需要支付的加工费＋本季度销售应收账款－行政管理费。如果 $T<0$，就要考虑借入短期贷款或贴现，或改变经营计划（如减缓生产线投资等）。采用这种定量的方式可以有效防止现金断流，避免破产的风险。

4.2.4　广告费投放结果计算

每个年度的广告费的投入与订单的选择是直接相关的，但选择的顺序却不仅仅和广告费的投入有关，与上一年度企业的市场占有率也有一定的关系，因此根据广告投放的具体规则，利用 Excel 的 Visual Basic 程序编辑功能，根据企业的市场占有情况和本年度的广告费投入情况，编写程序对企业进行降序综合排名，方便管理人员安排企业进行订单的选择，其中部分代码如图 4-3 所示。

```
Private Sub pm1_Click()
    Dim groupC(0 To 5, 0 To 5), SaleSortPosition As Integer, AdvertiseSame As Integer
'k的循环是按照产品类型进行
For k = 0 To 3
    '先清空原来排名的内容，并将初始年的销售额都清空
    For i = 0 To 5
        Sheet1.Cells(i + 4, 7 + k) = ""
        Sheet6.Cells(i + 4, 11 + k) = ""
    Next i

    For i = 0 To 5
        '给小组赋编号
        groupC(i, 0) = i
        '赋上一年销售额
        groupC(i, 1) = Sheet6.Cells(i + 4, 11 + k)
        '赋广告费
        groupC(i, 2) = Sheet1.Cells(i + 4, 2 + k)
        '赋广告总投入
        groupC(i, 3) = Sheet1.Cells(i + 4, 2) + Sheet1.Cells(i + 4, 3) + Sheet1.Cells(i + 4, 4) + Sheet1.Cells(i + 4, 5)
        'groupC(i,4)为排名，由程序计算出
        '赋上一年是否按期交货
        groupC(i, 5) = Sheet6.Cells(i + 4, 15 + k)
    Next i
    '按照上一年销售额排名
    Call bubble_sort_De(groupC, 1, 0, 5)

    For i = 0 To 4
        '给上一年销售额第一名赋值1,条件: 本年有广告投入,上年有销售收入(即为老产品+老市场)
        If groupC(0, 2) > 0 And groupC(0, 1) > 0 And (groupC(0, 5) <> "N" And groupC(0, 5) <> "n") Then
            groupC(0, 4) = 1
        Else
            '如果上一年销售额排名第一的本年没投入广告,则退出
            i = -1
            Exit For
        End If
        '如果有销售额相同,则排名也为第一
        If groupC(i, 1) = groupC(i + 1, 1) And groupC(i + 1, 2) > 0 And groupC(i + 1, 1) > 0 And groupC(i + 1, 5) <> "N" Then
            groupC(i + 1, 4) = 1
        Else
            Exit For
        End If
```

图 4-3　广告费市场排名 VBA 代码

第 5 章 企业评价

5.1 综合评价

企业综合评价的指标如表 5-1 所示包括市场开拓情况、产品研发、负债、所有者权益、市场排名、ISO 认证以及固定资产。具体评分标准如下所示：

（1）市场开拓：区域（10 分）+国内（20 分）+亚洲（25 分）+国际（20分）

（2）产品研发：Crystal（15 分）+Ruby（25 分）+Sapphire（35 分）

（3）负债：短贷（数值）+长贷（数值）+高利贷（数值×2）

（4）所有者权益：数值，单位（M）

（5）市场排名：最后一年某个产品某个市场第一名的总和

（6）Beyrl＝3 分，Crystal＝5 分，Ruby＝8 分，Sapphire＝10 分

（7）ISO 认证：9000（5 分）+14000（10 分）

（8）固定资产：数值（原值）

表 5-1   综合评价指标表

指标	市场开拓	产品研发	负债	所有者权益	市场排名	ISO 认证	固定资产	合计
评分								

如表 5-2 所示，选择 6 个企业运行的结果为例，对各企业的综合指标进行了汇总。为了能更好地观察每个小组的企业排名，对每一个指标进行了可视化处

理，将每一个指标的数据除以该指标的最大值结果，如表 5-3 所示，从中我们很容易看到第二个小组在所有者权益、速动资产以及固定资产这三个方面做得较好，第五小组在市场开拓和产品研发方面更加出色。为了进一步直观地看出每个小组的优势和劣势，将综合指标绘制成了如图 5-1 所示的雷达图。

表 5-2　　　　　　　　　　　各小组综合指标汇总表

小组	市场开拓	产品研发	负债	所有者权益	市场排名	ISO 认证	固定资产	速动资产
1	55	40		54		15	25	54
2	55	60	40	249	36	15	170	313
3	55	50	110	110	20	15	100	216
4	55	25	40	142	8	15	100	152
5	75	75	20	203	33	15	125	209
6	55	75		71		15	90	108

表 5-3　　　　　　　　　　可视化后各小组综合指标汇总表

小组	市场开拓	产品研发	负债	所有者权益	市场排名	ISO 认证	固定资产	速动资产
1	0.7333	0.5333	0.7606	0.2169	0	1	0.1471	0.1725
2	0.7333	0.8	0.0877	1	0.2769	1	1	1
3	0.7333	0.6667	0.0141	0.4418	0.1538	1	0.5882	0.6901
4	0.7333	0.3333	0.05	0.5703	0.0615	1	0.5882	0.4856
5	1	1	0.1430	0.8153	0.2538	1	0.7353	0.6677
6	0.7333	1	1	0.2851	0	1	0.5294	0.3450

5.2　企业年度单指标评价

每个企业都有一个实验汇总表，记录了每个企业 7 年来的财务变化情况，实验数据汇总表如表 5-4 所示，其中前 12 项可以从财务报表直接获取，剩下的评价指标的计算公式如下：

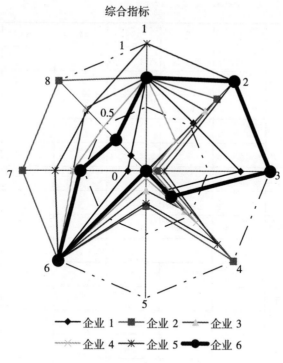

综合指标

图 5-1　各小组综合指标汇总雷达图

（1）流（速）动资产＝现金+应收款

（2）资产周转率＝销售额/总资产

（3）负债与股东权益比重＝负债/股东权益

（4）流（速）动比率＝流（速）动资产/短期负债

（5）资产回报率＝利息前利润/总资产

（6）股东权益回报率＝净利润/股东权益

（7）固定支出＝行政管理费+维修费+折旧+租金

表 5-4　　　　　　　　　　　实验数据汇总表

年份/项目	1	2	3	4	5	6	7
销售收入							
净利润							
广告投入							

续表

年份/项目	1	2	3	4	5	6	7
研发投入							
财务净损益							
总资产							
负债							
股东权益							
流动资产							
短期负债							
支付利息前总利润							
固定支出							
资产周转率							
负债与股东权益比率							
速动比率							
资产回报率							
股东权益							
回报率							

这里主要对以下9个指标采用上述6个小组的数据为例进行分析：净利润占销售收入比例、广告投入占销售收入比例、研发投入占销售收入比例、固定支出、资产周转率、负债与股东权益比率、速动比率、资产回报率以及股东权益回报率。

5.2.1 净利润占销售收入比例

从表5-5中可以看到不同小组净利润占销售收入的比例具体数值，为了能更好地比较不同小组之间的差异以及每个小组的变化趋势，制作了如图5-2所示的折线图。从图中我们可以看到各小组虽然在某些年份净利润有所波动，但是总的来说还是呈上升趋势，并且大部分小组所在的企业是从第四年开始盈利的。

表 5-5　　　　　　　　　　　**各小组净利润占销售收入比例汇总表**

小组	1	2	3	4	5	6	7
1	−0.93	−0.21	−0.05	0.10	−0.12	0.08	0.00
2	−1.30	−1.03	−0.25	0.42	0.25	0.20	0.23
3	−1.00	−0.09	−0.24	0.08	0.05	0.15	0.11
4	−0.75	−0.36	−0.29	0.06	0.25	0.16	0.22
5	−6.80	−0.93	0.04	0.40			
6	−3.40	−0.26	0.03	−0.29	0.05	0.21	0.15

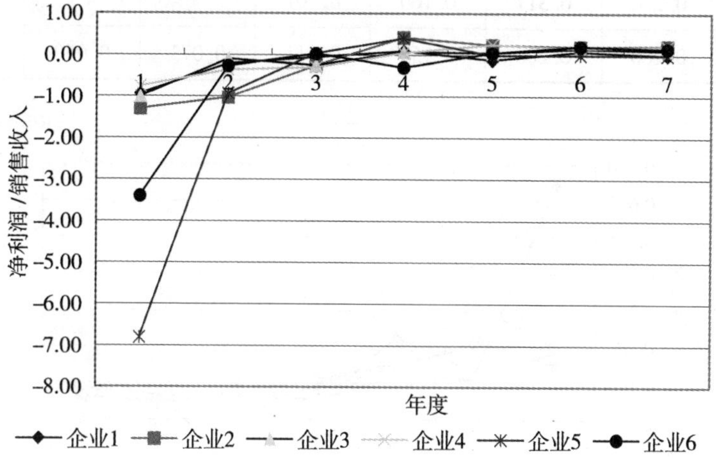

图 5-2　各个小组净利润/销售收入随时间变化图

5.2.2　广告投入占销售收入比例

表 5-6 显示了各小组六年的广告投入在销售收入中所占的比例，图 5-3 是六年广告投入占销售收入的折线图，从中我们可以看到，总的来说广告占比是逐渐下降的这是因为到后期订单的获取主要和市场占有率相关，而在第一年基本全靠广告费的投入，企业 1 在第一年的广告费占比最高使得它在第一年获得足够的市场，因此后来几年广告费占比下降迅速。相反一些在第一年的广告费投入较少的企业在第二年的投入相应地会有所增加，企业 5 从第五年开始广告投入占比就基

本为 0 了，可能是因为该企业从第 5 年开始就退出了市场竞争，或者第 5 年宣布了破产，企业仅经营了 4 年。

表 5-6　　　　　　　　　　各小组广告投入占销售收入比例汇总表

小组	1	2	3	4	5	6	7
1	0.643	0.132	0.228	0.049	0.093	0	0
2	0.150	0.219	0.143	0.085	0.052	0.044	0.062
3	0.188	0.111	0.121	0.054	0.061	0.067	0.086
4	0.208	0.120	0.185	0.101	0.074	0.082	0.076
5	0.200	0.317	0.160	0.101			
6	0.200	0.206	0.152	0.111	0.073	0.050	0.065

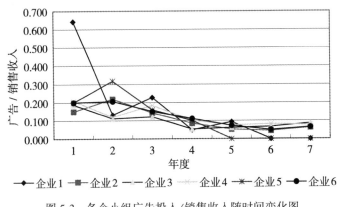

图 5-3　各个小组广告投入/销售收入随时间变化图

5.2.3　研发投入占销售收入比例

表 5-7 和图 5-4 显示的是各企业研发投入占销售收入比例随时间变化情况，折线图很好地反映了其变化趋势，从图中我们可以看到企业的研发投入主要集中在前 3 年，第 4 年基本上研发就已经全部完成，最后 3 年主要是一个平稳经营的过程。

表 5-7　　　　　　　　各小组研发投入占销售收入比例汇总表

小组	1	2	3	4	5	6	7
1	0.429	0.105	0	0	0	0	0
2	0.8	0.375	0	0	0	0	0
3	0.25	0	0.242	0	0	0	0
4	0.333	0.16	0	0	0	0	0
5	3.2	0.293	0.034	0			
6	2	0.176	0	0	0	0	0

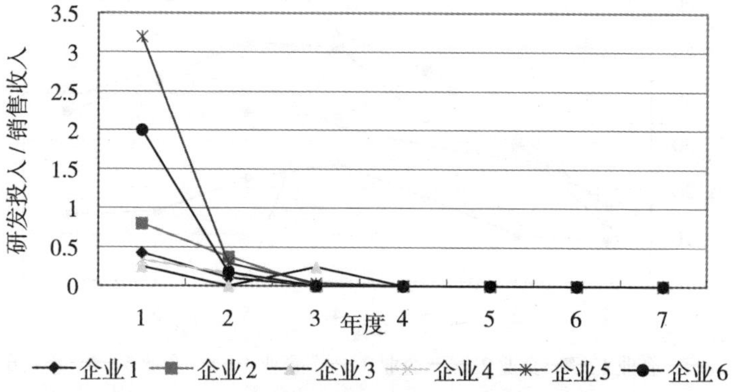

图 5-4　各小组研发投入/销售收入随时间变化图

5.2.4　固定支出

表 5-8 和图 5-5 主要反映了各小组的固定支出变化情况，其中固定支出包括行政管理费用、设备维护费、厂房租金、折旧和财务净损益。折现图直观地反映了每个小组固定支出的变化情况，大部分企业的固定支出是一个先上升然后趋于稳定的过程，图中企业 5 从第 5 年开始就固定支出为 0，是由于其从第 5 年就宣布破产了，不可视为正常企业的经营，其他正常经营的企业都是前三年固定支出持续上升，可能是由于前三年需要各种投资和开发增加了贷款带来的财务净损益。后几年在归还贷款的过程中，固定支出便趋于稳定。

表 5-8 各小组固定支出汇总表

小组	1	2	3	4	5	6	7
1	9	10	18	25	22	15	14
2	17	29	45	35	36	53	41
3	18	26	29	33	42	45	39
4	16	13	37	34	40	31	28
5	16	32	45	53	0	0	0
6	12	30	34	50	51	43	36

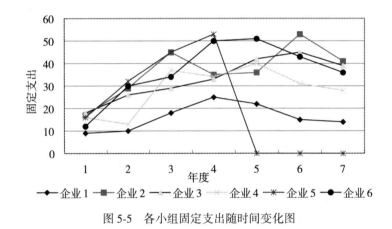

图 5-5 各小组固定支出随时间变化图

5.2.5 资产周转率

资产周转率指的是销售额除以总资产，体现了企业经营期间全部资产从投入到产出的流转速度以及企业资产的利用效率，资产周转率越高表明企业资产周转速度越快，销售能力越强。表 5-9 和图 5-6 显示了各小组的资产周转率的变化情况。可以看到大部分企业的资产周转率是一个上升的过程，并且普遍在第 5 年和第 6 年达到最高。也有的企业呈现一个稳步上升的过程，比如企业 3，在最后一年的资产周转率达到最高值。表格中灰色的区域表明该企业已处于破产状态。

表 5-9　　　　　　　　　　　各小组资产周转率汇总表

小组	1	2	3	4	5	6	7
1	0.275	0.333	0.435	0.792	0.558	0.444	0.519
2	0.123	0.178	0.296	0.722	0.905	0.658	0.724
3	0.093	0.289	0.295	0.394	0.500	0.750	0.761
4	0.200	0.124	0.378	0.533	0.851	0.947	0.704
5	0.021	0.203	0.541	0.748			
6	0.065	0.586	0.559	0.742	0.853	0.881	0.667

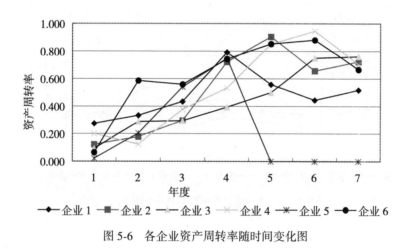

图 5-6　各企业资产周转率随时间变化图

5.2.6　负债与股东权益比率

负债与股东权益的比率体现了一个企业的资本结构，其结果越高表明企业现在或者将来潜在的债权人的风险就越大，将企业置于一个非常危险的境地。表 5-10 和图 5-7 显示就是各个小组 6 年来的负债与股东权益比率变化情况，可以看到企业 5 由于连续 2 年负债比率过高直接宣布破产，此外，除了企业 2 的负债与股东权益比率波动比较大以外，其他企业都处于一个平稳的状态。

表 5-10　　　　　　　　　各小组负债与股东权益比率汇总表

小组	1	2	3	4	5	6	7
1	0.645	1.111	1.569	0.351	0.481	0	0
2	1.613	5.207	11.600	1.650	0.847	0.846	0.529
3	1.389	1.791	3.392	3.069	2.563	1.637	1.091
4	0.714	2.295	3.095	2.553	1.071	0.791	0.497
5	3.333	11.625	9.476	1.944			
6	1.852	2.222	2.105	4.706	4.609	2.019	1.583

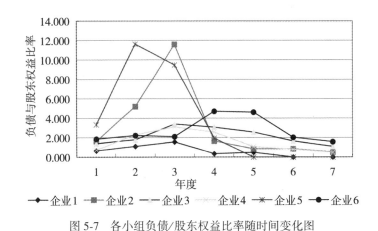

图 5-7　各小组负债/股东权益比率随时间变化图

5.2.7　速动比率（速动资产/短期负债）

速动资产是企业的流动资产减去存货和预付费用后的余额，主要包括现金、短期投资、应收票据、应收账款等项目。在沙盘模拟中主要指现金和应收账款，速动比率可以用来衡量企业流动资产中可以立即变现用于偿还流动负债的能力。表 5-11 和图 5-8 显示了六个小组在经营过程中速动比率的变化情况，表格中灰色区域表明该企业无短期负债，很有可能是因为大部分企业选择了长期贷款。从图中可以看到企业 3 的速动比率是最好的，说明其偿还能力在所有企业中是最强的。

表 5-11　　　　　　　　　各小组速动比率汇总表

小组	1	2	3	4	5	6	7
1	4.35	2.08	1.45	2.05	2.20		
2	1.53	0.83	0.28	3.60	6.30	5.30	7.83
3	4.20	4.35	2.70	5.05	5.10	7.75	10.80
4		4.45				2.85	3.78
5		7.50					
6	1.65	1.70	2.00	1.80	3.05		

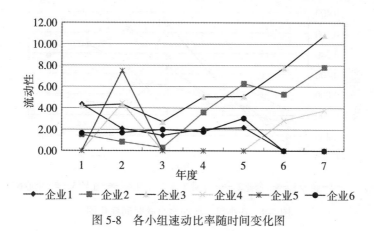

图 5-8　各小组速动比率随时间变化图

5.2.8　资产回报率

资产回报率在沙盘模拟中指的是利息前的利润与总资产的比率，反映的是每一单位资产所能创造的利润。该指标也反映了企业资产的利用效果，该指标结果越高，说明企业在增加收入与节约资金使用方面取得了良好的效果。表 5-12 和图 5-9 显示了六个小组经营时期的资产回报率变化情况，从图中不难看出，企业的资产回报率是一个逐步上升的过程，且大部分企业的资产回报率从第 4 年才开始变为正数，说明前 3 年大部分企业处于亏损状态，企业 6 是在第 5 年才变为正数，说明其在第 5 年才开始盈利。

表 5-12 各小组资产回报率汇总表

小组	1	2	3	4	5	6	7
1	−0.245	−0.061	−0.008	0.130	−0.052	−0.037	0.000
2	−0.148	−0.139	−0.042	0.179	0.324	0.196	0.250
3	−0.076	0.021	−0.022	0.042	0.057	0.133	0.139
4	−0.125	−0.020	−0.035	0.090	0.305	0.228	0.247
5	−0.132	−0.099	0.109	0.341			
6	−0.201	−0.060	−0.042	−0.082	0.132	0.244	0.188

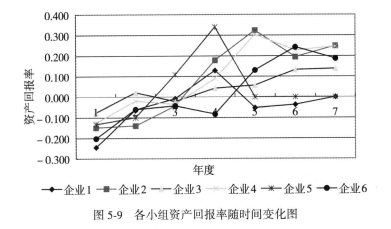

图 5-9 各小组资产回报率随时间变化图

5.2.9 股东权益回报率

股东权益回报率是由净利润与股东权益的比率得来的，是评价企业盈利能力的一个重要指标，反映了股东获取投资报酬的高低，比率越高说明企业的盈利能力越强。表 5-13 和图 5-10 均显示了 6 个企业在经营期间股东权益回报率的变化情况。从图中可以明显看出前 3 年企业的股东权益回报率基本处于负值，原因可能是前 3 年企业都处于亏损状态，因此净利润均小于 0。过了第 4 年我们可以发现企业 2 上升的幅度最大，同时前 3 年企业 2 的股东权益回报率也是相对更低的，因此可以推断企业 2 前几年为了开拓市场，研发新产品再加上订单数量和金额又不多的情况下拥有了很多负债，在第 4 年市场基本开放，订单数增加后利润就逐步上升了。

表5-13　　　　　　　　　各小组股东权益回报率汇总表

小组	1	2	3	4	5	6	7
1	−0.419	−0.148	−0.059	0.105	−0.096	0.037	0.000
2	−0.419	−1.138	−0.933	0.813	0.416	0.247	0.254
3	−0.222	−0.075	−0.314	0.121	0.094	0.297	0.173
4	−0.257	−0.148	−0.452	0.106	0.440	0.270	0.228
5	−0.630	−2.375	0.238	0.764	0.000	0.000	0.000
6	−0.630	−0.500	0.053	−1.235	0.261	0.566	0.264

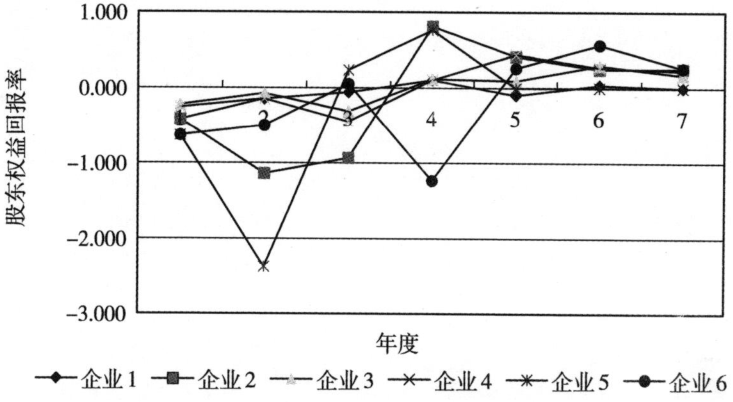

图5-10　各小组股东权益回报率随时间变化图

5.3　小组成员评价

小组成员的综合评价标准由以下四部分组成，其中对应的权重分别为40%、20%、20%、20%。

（1）模拟企业经营表现：主要是指该小组成员所在企业的经营情况，包括所有者权益以及净利润等。

（2）模拟企业组织表现：该同学模拟角色是否称职，是否按时合理地履行了自身岗位所对应的职责；团队内的分工是否明确，团队协作是否高效有序，实验报表是否与沙盘盘面一致，报表是否完备，是否存在长期贷款未及时归还的情形等。

（3）模拟企业决策表现：该同学所在的企业的决策是否合理，是否根据模拟企业的经营状况和市场状况及时调整经营思路，是否拥有清晰明确的战略，在竞争过程中能否拥有清晰的决策思路与理由等。

（4）模拟企业理论表现：该同学是否熟练运用所学的课本知识与理论模型，为自己的经营决策提供依据，市场分析是否有理论框架的指引，是否能用所学的知识来分析解决具体的实际问题等。

第6章 总　　结

　　总的来说，沙盘模拟的目的就是让学生了解生产制造型企业的生产经营所经历的各种流程以及每个环节所面对的问题和如何制定有效的策略。企业经营模拟中，为了有效满足市场需求，详细的生产计划是至关重要的。模拟过程中，许多小组因没有意识到生产计划的重要性，导致对订单的违约及没有充分利用产能的情况存在。这些问题最终致使企业渐渐失去产品市场，造成经营的失败。为了避免类似的情况发生，首先我们要充分意识到制订生产计划的重要性。其次，在制订生产计划时，需要考虑的因素是多方面的，如市场需求、产能、订单和库存。其中产能的估计不仅影响了模拟企业对订单的选择，也是企业产出计划的关键，这里指的产能既包括模拟企业目前的产能，也包括进行扩产对当期产能的影响。最后，在对市场上对产品的需求、企业内部条件和企业生产的外部环境进行充分的分析之后，开始制订生产计划。在和失败的小组交流经验之后，他们参照生产计划的制订步骤实施后，大大减少了订单违约的次数，成绩也有所上升，而且大家也纷纷表示对生产计划的制订有了重新的认识。

第三部分　实验报告手册

起 始 年

任 务 清 单

年初：（根据提示，完成部分打勾）

（1）支付应付税（根据上年度结果） ☐

（2）支付广告费 ☐

（3）登记销售订单 ☐

每个季度：	一季度	二季度	三季度	四季度
（1）申请短期贷款/更新短期贷款/还本付息	☐	☐	☐	☐
（2）更新应付款/归还应付款	☐	☐	☐	☐
（3）更新原料订单/原材料入库	☐	☐	☐	☐
（4）下原料订单	☐	☐	☐	☐
（5）更新生产/完工入库	☐	☐	☐	☐
（6）投资新生产线/生产线改造/变卖生产线	☐	☐	☐	☐
（7）开始下一批生产	☐	☐	☐	☐
（8）产品研发投资	☐	☐	☐	☐
（9）更新应收款/应收款收现	☐	☐	☐	☐
（10）按订单交货	☐	☐	☐	☐
（11）支付行政管理费用	☐	☐	☐	☐

年末：

（1）申请长期贷款/更新长期贷款/支付利息 ☐

（2）支付设备维护费 ☐

（3）支付租金/购买建筑 ☐

（4）折旧 ☐

（5）新市场开拓投资 /ISO 资格认证投资 ☐

（6）关账 ☐

起始年销售订单

项目	1	2	3	4	5	6	合计
市场							
产品名称							
账期							
交货期							
单价							
订单数量							
订单销售额							
成本							
毛利							

起始年的现金流量表

项目	1	2	3	4
应收款到期（+）				
变卖生产线（+）				
变卖原料/产品（+）				
变卖厂房（+）				
短期贷款（+）				

续表

项目	1	2	3	4
高利贷贷款（+）				
长期贷款（+）				
收入总计				
支付上年应交税				
广告费				
贴现费用				
归还短贷及利息				
归还高利贷及利息				
原料采购支付现金				
成品采购支付现金				
设备改造费				
生产线投资				
加工费用				
产品研发				
行政管理费				
长期贷款及利息				
设备维护费				
租金				
购买新建筑				
市场开拓投资				
ISO 认证投资				
其他				
支出总计				
现金余额				

起始年的财务报表

资产负债表 单位：百万元

资产	年初数	期末数	负债及所有者权益	年初数	期末数
流动资产：			负债：		
现金			短期负债		
应收账款			应付账款		
原材料			应交税金		
产成品			长期负债		
在制品					
流动资产合计			负债合计		
固定资产：			所有者权益：		
土地建筑原价			股东资本		
机器设备净值			以前年度利润		
在建工程			当年净利润		
固定资产合计			所有者权益合计		
资产总计			负债及所有者权益总计		

综合管理费用明细表 单位：百万元

项目	金额
行政管理费	
广告费	
设备维护费	
设备改造费	
租金	
产品研发	

续表

项目	金额
市场开拓	
ISO 认证	
其他	
合计	

利 润 表　　　　　　　　单位：百万元

项目	去年	今年
一、销售收入		
减：成本		
二、毛利		
减：综合费用		
折旧		
财务净损益		
三、营业利润		
加：营业外净收益		
四、利润总额		
减：所得税		
五、净利润		

第 一 年

任 务 清 单

年初：（根据提示，完成部分打勾）

（1）支付应付税（根据上年度结果）　□

（2）支付广告费　□

（3）登记销售订单　□

每个季度：	一季度	二季度	三季度	四季度
（1）申请短期贷款/更新短期贷款/还本付息	□	□	□	□
（2）更新应付款/归还应付款	□	□	□	□
（3）更新原料订单/原材料入库	□	□	□	□
（4）下原料订单	□	□	□	□
（5）更新生产/完工入库	□	□	□	□
（6）投资新生产线/生产线改造/变卖生产线	□	□	□	□
（7）开始下一批生产	□	□	□	□
（8）产品研发投资	□	□	□	□
（9）更新应收款/应收款收现	□	□	□	□
（10）按订单交货	□	□	□	□
（11）支付行政管理费用	□	□	□	□

年末：

（1）申请长期贷款/更新长期贷款/支付利息　□

（2）支付设备维护费　□

（3）支付租金（或购买建筑）　　　　　　　☐

（4）折旧　　　　　　　　　　　　　　　　☐

（5）新市场开拓投资／ISO 资格认证投资　　☐

（6）关账　　　　　　　　　　　　　　　　☐

第一年销售订单

项目	1	2	3	4	5	6	合计
市场							
产品名称							
账期							
交货期							
单价							
订单数量							
订单销售额							
成本							
毛利							

第一年的现金流量表

项目	1	2	3	4
应收款到期（+）				
变卖生产线（+）				
变卖原料/产品（+）				
变卖厂房（+）				
短期贷款（+）				

续表

项目	1	2	3	4
高利贷贷款（+）				
长期贷款（+）				
收入总计				
支付上年应交税				
广告费				
贴现费用				
归还短贷及利息				
归还高利贷及利息				
原料采购支付现金				
成品采购支付现金				
设备改造费				
生产线投资				
加工费用				
产品研发				
行政管理费				
长期贷款及利息				
设备维护费				
租金				
购买新建筑				
市场开拓投资				
ISO 认证投资				
其他				
支出总计				
现金余额				

第一年的财务报表

资产负债表

单位：百万元

资产	年初数	期末数	负债及所有者权益	年初数	期末数
流动资产：			负债：		
现金			短期负债		
应收账款			应付账款		
原材料			应交税金		
产成品			长期负债		
在制品					
流动资产合计			负债合计		
固定资产：			所有者权益：		
土地建筑原价			股东资本		
机器设备净值			以前年度利润		
在建工程			当年净利润		
固定资产合计			所有者权益合计		
资产总计			负债及所有者权益总计		

综合管理费用明细表

单位：百万元

项　　目	金　　额
行政管理费	
广告费	
设备维护费	
设备改造费	
租金	
产品研发	

续表

项　目	金　额
市场开拓	
ISO 认证	
其他	
合计	

损　益　表 单位：百万元

项目	去年	今年
一、销售收入		
减：成本		
二、毛利		
减：综合费用		
折旧		
财务净损益		
三、营业利润		
加：营业外净收益		
四、利润总额		
减：所得税		
五、净利润		

第 二 年

重 要 决 策

一季度	二季度	三季度	四季度	年底

现金预算表

项目	1	2	3	4
期初现金（+）				
变卖生产线（+）				
变卖原料/产品（+）				
变卖厂房（+）				
应收款到期（+）				
支付上年应交税				
广告费投入				
贴现费用				
利息（短期贷款）				
支付到期短期贷款				
原料采购支付现金				

续表

项目	1	2	3	4
设备改造费				
生产线投资				
生产费用				
产品研发投资				
支付行政管理费用				
利息（长期贷款）				
支付到期长期贷款				
设备维护费费用				
租金				
购买新建筑				
市场开拓投资				
ISO 认证投资				
其他				
现金余额				
需要新贷款				

产能预估：

		1 季度	2 季度	3 季度	4 季度
生产线 1	产品：				
生产线 2	产品：				
生产线 3	产品：				
生产线 4	产品：				
生产线 5	产品：				
生产线 6	产品：				
生产线 7	产品：				
生产线 8	产品：				

生产计划与物料需求计划：

产品：　　　　　　　　　　　　　　　生产线类型：

项目	去年				今年			
	1季度	2季度	3季度	4季度	1季度	2季度	3季度	4季度
产出计划								
投产计划								
原材料需求								
原材料采购								

产品：　　　　　　　　　　　　　　　生产线类型：

项目	去年				今年			
	1季度	2季度	3季度	4季度	1季度	2季度	3季度	4季度
产出计划								
投产计划								
原材料需求								
原材料采购								

产品：　　　　　　　　　　　　　　　生产线类型：

项目	去年				今年			
	1季度	2季度	3季度	4季度	1季度	2季度	3季度	4季度
产出计划								
投产计划								
原材料需求								
原材料采购								

产品：　　　　　　　　　　　　　　　　　生产线类型：

项目	去年				今年			
	1季度	2季度	3季度	4季度	1季度	2季度	3季度	4季度
产出计划								
投产计划								
原材料需求								
原材料采购								

产品：　　　　　　　　　　　　　　　　　生产线类型：

项目	去年				今年			
	1季度	2季度	3季度	4季度	1季度	2季度	3季度	4季度
产出计划								
投产计划								
原材料需求								
原材料采购								

采购计划汇总：

原材料	1季度	2季度	3季度	4季度
M1				
M2				
M3				
M4				

任 务 清 单

年初：（根据提示，完成部分打勾）

（1）支付应付税（根据上年度结果）　　□

（2）支付广告费　　　　　　　　□

（3）登记销售订单　　　　　　　□

	一季度	二季度	三季度	四季度
每个季度：				
（1）申请短期贷款/更新短期贷款/还本付息	□	□	□	□
（2）更新应付款/归还应付款	□	□	□	□
（3）更新原料订单/原材料入库	□	□	□	□
（4）下原料订单	□	□	□	□
（5）更新生产/完工入库	□	□	□	□
（6）投资新生产线/生产线改造/变卖生产线	□	□	□	□
（7）开始下一批生产	□	□	□	□
（8）产品研发投资	□	□	□	□
（9）更新应收款/应收款收现	□	□	□	□
（10）按订单交货	□	□	□	□
（11）支付行政管理费用	□	□	□	□

年末：

（1）申请长期贷款/更新长期贷款/支付利息　　□

（2）支付设备维护费　　　　　　　　　　　　□

（3）支付租金（或购买建筑）　　　　　　　　□

（4）折旧　　　　　　　　　　　　　　　　　□

（5）新市场开拓投资 /ISO 资格认证投资　　　□

（6）关账　　　　　　　　　　　　　　　　　□

第二年销售订单

项目	1	2	3	4	5	6	合计
市场							
产品名称							
账期							
交货期							

续表

项目	1	2	3	4	5	6	合计
单价							
订单数量							
订单销售额							
成本							
毛利							

第二年的现金流量表

项目	1	2	3	4
应收款到期（+）				
变卖生产线（+）				
变卖原料/产品（+）				
变卖厂房（+）				
短期贷款（+）				
高利贷贷款（+）				
长期贷款（+）				
收入总计				
支付上年应交税				
广告费				
贴现费用				
归还短贷及利息				
归还高利贷及利息				
原料采购支付现金				
成品采购支付现金				
设备改造费				

续表

项目	1	2	3	4
生产线投资				
加工费用				
产品研发				
行政管理费				
长期贷款及利息				
设备维护费				
租金				
购买新建筑				
市场开拓投资				
ISO 认证投资				
其他				
支出总计				
现金余额				

第二年的财务报表

资产负债表　　　　　　　　　　单位：百万元

资产	年初数	期末数	负债及所有者权益	年初数	期末数
流动资产：			负债：		
现金			短期负债		
应收账款			应付账款		
原材料			应交税金		
产成品			长期负债		
在制品					
流动资产合计			负债合计		

续表

资产	年初数	期末数	负债及所有者权益	年初数	期末数
固定资产：			所有者权益：		
土地建筑原价			股东资本		
机器设备净值			以前年度利润		
在建工程			当年净利润		
固定资产合计			所有者权益合计		
资产总计			负债及所有者权益总计		

综合管理费用明细表　　　　　　　　单位：百万元

项目	金额
行政管理费	
广告费	
设备维护费	
设备改造费	
租金	
产品研发	
市场开拓	
ISO 认证	
其他	
合计	

利　润　表　　　　　　　　单位：百万元

项目	去年	今年
一、销售收入		
减：成本		
二、毛利		

项目	去年	今年
减：综合费用		
折旧		
财务净损益		
三、营业利润		
加：营业外净收益		
四、利润总额		
减：所得税		
五、净利润		

第 三 年

重 要 决 策

一季度	二季度	三季度	四季度	年底

现金预算表

项目	1	2	3	4
期初现金（+）				
变卖生产线（+）				
变卖原料/产品（+）				
变卖厂房（+）				
应收款到期（+）				
支付上年应交税				
广告费投入				
贴现费用				
利息（短期贷款）				
支付到期短期贷款				
原料采购支付现金				

项目	1	2	3	4
设备改造费				
生产线投资				
生产费用				
产品研发投资				
支付行政管理费用				
利息（长期贷款）				
支付到期长期贷款				
设备维护费费用				
租金				
购买新建筑				
市场开拓投资				
ISO 认证投资				
其他				
现金余额				
需要新贷款				

产能预估：

		1 季度	2 季度	3 季度	4 季度
生产线 1	产品：				
生产线 2	产品：				
生产线 3	产品：				
生产线 4	产品：				
生产线 5	产品：				
生产线 6	产品：				
生产线 7	产品：				
生产线 8	产品：				

生产计划与物料需求计划：

产品：　　　　　　　　　　　　　　　生产线类型：

项目	去年				今年			
	1季度	2季度	3季度	4季度	1季度	2季度	3季度	4季度
产出计划								
投产计划								
原材料需求								
原材料采购								

产品：　　　　　　　　　　　　　　　生产线类型：

项目	去年				今年			
	1季度	2季度	3季度	4季度	1季度	2季度	3季度	4季度
产出计划								
投产计划								
原材料需求								
原材料采购								

产品：　　　　　　　　　　　　　　　生产线类型：

项目	去年				今年			
	1季度	2季度	3季度	4季度	1季度	2季度	3季度	4季度
产出计划								
投产计划								
原材料需求								
原材料采购								

产品： 生产线类型：

项目	去年				今年			
	1 季度	2 季度	3 季度	4 季度	1 季度	2 季度	3 季度	4 季度
产出计划								
投产计划								
原材料需求								
原材料采购								

产品： 生产线类型：

项目	去年				今年			
	1 季度	2 季度	3 季度	4 季度	1 季度	2 季度	3 季度	4 季度
产出计划								
投产计划								
原材料需求								
原材料采购								

采购计划汇总：

原材料	1 季度	2 季度	3 季度	4 季度
M1				
M2				
M3				
M4				

任 务 清 单

年初：（根据提示，完成部分打勾）

（1）支付应付税（根据上年度结果） □

（2）支付广告费　　　　　　　　☐

（3）登记销售订单　　　　　　　☐

每个季度：　　　　　　　　　　　一季度　　二季度　　三季度　　四季度

（1）申请短期贷款/更新短期贷款/还本付息　☐　　☐　　☐　　☐

（2）更新应付款/归还应付款　☐　　☐　　☐　　☐

（3）更新原料订单/原材料入库　☐　　☐　　☐　　☐

（4）下原料订单　☐　　☐　　☐　　☐

（5）更新生产/完工入库　☐　　☐　　☐　　☐

（6）投资新生产线/生产线改造/变卖生产线　☐　　☐　　☐　　☐

（7）开始下一批生产　☐　　☐　　☐　　☐

（8）产品研发投资　☐　　☐　　☐　　☐

（9）更新应收款/应收款收现　☐　　☐　　☐　　☐

（10）按订单交货　☐　　☐　　☐　　☐

（11）支付行政管理费用　☐　　☐　　☐　　☐

年末：

（1）申请长期贷款/更新长期贷款/支付利息　☐

（2）支付设备维护费　☐

（3）支付租金（或购买建筑）　☐

（4）折旧　☐

（5）新市场开拓投资 /ISO 资格认证投资　☐

（6）关账　☐

第三年销售订单

项目	1	2	3	4	5	6	合计
市场							
产品名称							
账期							
交货期							

续表

项目	1	2	3	4	5	6	合计
单价							
订单数量							
订单销售额							
成本							
毛利							

第三年的现金流量表

项目	1	2	3	4
应收款到期（+）				
变卖生产线（+）				
变卖原料/产品（+）				
变卖厂房（+）				
短期贷款（+）				
高利贷贷款（+）				
长期贷款（+）				
收入总计				
支付上年应交税				
广告费				
贴现费用				
归还短贷及利息				
归还高利贷及利息				
原料采购支付现金				
成品采购支付现金				
设备改造费				
生产线投资				
加工费用				

续表

项目	1	2	3	4
产品研发				
行政管理费				
长期贷款及利息				
设备维护费				
租金				
购买新建筑				
市场开拓投资				
ISO 认证投资				
其他				
支出总计				
现金余额				

第三年的财务报表

资产负债表

单位：百万元

资产	年初数	期末数	负债及所有者权益	年初数	期末数
流动资产：			负债：		
现金			短期负债		
应收账款			应付账款		
原材料			应交税金		
产成品			长期负债		
在制品					
流动资产合计			负债合计		
固定资产：			所有者权益：		
土地建筑原价			股东资本		
机器设备净值			以前年度利润		
在建工程			当年净利润		

续表

资产	年初数	期末数	负债及所有者权益	年初数	期末数
固定资产合计			所有者权益合计		
资产总计			负债及所有者权益总计		

综合管理费用明细表　　　　单位：百万元

项　　目	金　　额
行政管理费	
广告费	
设备维护费	
设备改造费	
租金	
产品研发	
市场开拓	
ISO 认证	
其他	
合计	

损　益　表　　　　单位：百万元

项目	去年	今年
一、销售收入		
减：成本		
二、毛利		
减：综合费用		
折旧		
财务净损益		
三、营业利润		

续表

项目	去年	今年
加：营业外净收益		
四、利润总额		
减：所得税		
五、净利润		

资产结构：

负债：所有者权益=

融资渠道：

_____

_____

投资的生产线的回收年数：

设备初始投资：_____

设备产生年收入：_____

设备经济寿命周期：_____

每年支付：_____

回收期：_____

SWOT 分析

优势（Strength）	劣势（Weakness）
机会（Opportunity）	威胁（Threat）

第 四 年

重 要 决 策

一季度	二季度	三季度	四季度	年底

现金预算表

项目	1	2	3	4
期初现金（+）				
变卖生产线（+）				
变卖原料/产品（+）				
变卖厂房（+）				
应收款到期（+）				
支付上年应交税				
广告费投入				
贴现费用				
利息（短期贷款）				
支付到期短期贷款				
原料采购支付现金				

续表

项目	1	2	3	4
设备改造费				
生产线投资				
生产费用				
产品研发投资				
支付行政管理费用				
利息（长期贷款）				
支付到期长期贷款				
设备维护费费用				
租金				
购买新建筑				
市场开拓投资				
ISO 认证投资				
其他				
现金余额				
需要新贷款				

产能预估：

		1 季度	2 季度	3 季度	4 季度
生产线 1	产品：				
生产线 2	产品：				
生产线 3	产品：				
生产线 4	产品：				
生产线 5	产品：				
生产线 6	产品：				
生产线 7	产品：				
生产线 8	产品：				

生产计划与物料需求计划：

产品： 生产线类型：

项目	去年				今年			
	1 季度	2 季度	3 季度	4 季度	1 季度	2 季度	3 季度	4 季度
产出计划								
投产计划								
原材料需求								
原材料采购								

产品： 生产线类型：

项目	去年				今年			
	1 季度	2 季度	3 季度	4 季度	1 季度	2 季度	3 季度	4 季度
产出计划								
投产计划								
原材料需求								
原材料采购								

产品： 生产线类型：

项目	去年				今年			
	1 季度	2 季度	3 季度	4 季度	1 季度	2 季度	3 季度	4 季度
产出计划								
投产计划								
原材料需求								
原材料采购								

产品：　　　　　　　　　　　　生产线类型：

项目	去年				今年			
	1 季度	2 季度	3 季度	4 季度	1 季度	2 季度	3 季度	4 季度
产出计划								
投产计划								
原材料需求								
原材料采购								

产品：　　　　　　　　　　　　生产线类型：

项目	去年				今年			
	1 季度	2 季度	3 季度	4 季度	1 季度	2 季度	3 季度	4 季度
产出计划								
投产计划								
原材料需求								
原材料采购								

采购计划汇总：

原材料	1 季度	2 季度	3 季度	4 季度
M1				
M2				
M3				
M4				

任 务 清 单

年初：（根据提示，完成部分打勾）

（1）支付应付税（根据上年度结果）　　□

（2）支付广告费　　　　　　　□

（3）登记销售订单　　　　　　□

	一季度	二季度	三季度	四季度
每个季度：				
（1）申请短期贷款/更新短期贷款/还本付息	□	□	□	□
（2）更新应付款/归还应付款	□	□	□	□
（3）更新原料订单/原材料入库	□	□	□	□
（4）下原料订单	□	□	□	□
（5）更新生产/完工入库	□	□	□	□
（6）投资新生产线/生产线改造/变卖生产线	□	□	□	□
（7）开始下一批生产	□	□	□	□
（8）产品研发投资	□	□	□	□
（9）更新应收款/应收款收现	□	□	□	□
（10）按订单交货	□	□	□	□
（11）支付行政管理费用	□	□	□	□

年末：

（1）申请长期贷款/更新长期贷款/支付利息　　□

（2）支付设备维护费　　　　　　　　　　□

（3）支付租金（或购买建筑）　　　　　　□

（4）折旧　　　　　　　　　　　　　　　□

（5）新市场开拓投资 /ISO 资格认证投资　　□

（6）关账　　　　　　　　　　　　　　　□

第四年销售订单

项目	1	2	3	4	5	6	合计
市场							
产品名称							
账期							
交货期							

项目	1	2	3	4	5	6	合计
单价							
订单数量							
订单销售额							
成本							
毛利							

第四年的现金流量表

项目	1	2	3	4
应收款到期（+）				
变卖生产线（+）				
变卖原料/产品（+）				
变卖厂房（+）				
短期贷款（+）				
高利贷贷款（+）				
长期贷款（+）				
收入总计				
支付上年应交税				
广告费				
贴现费用				
归还短贷及利息				
归还高利贷及利息				
原料采购支付现金				
成品采购支付现金				
设备改造费				
生产线投资				
加工费用				

续表

项目	1	2	3	4
产品研发				
行政管理费				
长期贷款及利息				
设备维护费				
租金				
购买新建筑				
市场开拓投资				
ISO 认证投资				
其他				
支出总计				
现金余额				

第四年的财务报表

资产负债表　　　　　　　　　　　单位：百万元

资产	年初数	期末数	负债及所有者权益	年初数	期末数
流动资产：			负债：		
现金			短期负债		
应收账款			应付账款		
原材料			应交税金		
产成品			长期负债		
在制品					
流动资产合计			负债合计		
固定资产：			所有者权益：		
土地建筑原价			股东资本		
机器设备净值			以前年度利润		
在建工程			当年净利润		

续表

资产	年初数	期末数	负债及所有者权益	年初数	期末数
固定资产合计			所有者权益合计		
资产总计			负债及所有者权益总计		

综合管理费用明细表 单位：百万元

项目	金额
行政管理费	
广告费	
设备维护费	
设备改造费	
租金	
产品研发	
市场开拓	
ISO 认证	
其他	
合计	

损 益 表 单位：百万元

项　目	去年	今年
一、销售收入		
减：成本		
二、毛利		
减：综合费用		
折旧		
财务净损益		
三、营业利润		

续表

项　目	去年	今年
加：营业外净收益		
四、利润总额		
减：所得税		
五、净利润		

关键指标计算：

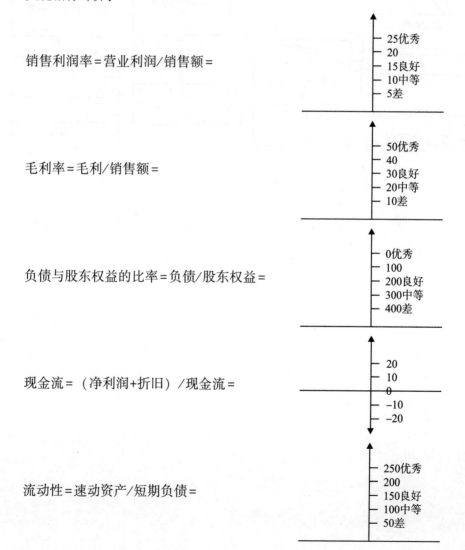

销售利润率＝营业利润/销售额＝

毛利率＝毛利/销售额＝

负债与股东权益的比率＝负债/股东权益＝

现金流＝（净利润+折旧）/现金流＝

流动性＝速动资产/短期负债＝

杜邦模型

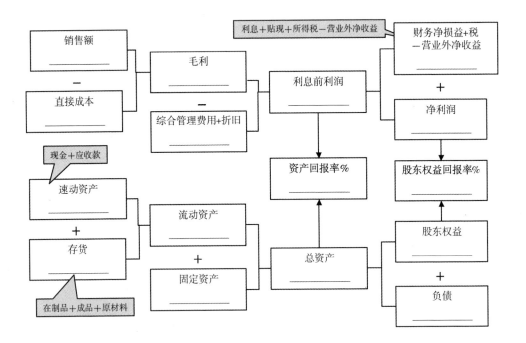

第 五 年

重 要 决 策

一季度	二季度	三季度	四季度	年底

现金预算表

项目	1	2	3	4
期初现金（+）				
变卖生产线（+）				
变卖原料/产品（+）				
变卖厂房（+）				
应收款到期（+）				
支付上年应交税				
广告费投入				
贴现费用				
利息（短期贷款）				
支付到期短期贷款				
原料采购支付现金				

续表

项目	1	2	3	4
设备改造费				
生产线投资				
生产费用				
产品研发投资				
支付行政管理费用				
利息（长期贷款）				
支付到期长期贷款				
设备维护费费用				
租金				
购买新建筑				
市场开拓投资				
ISO 认证投资				
其他				
现金余额				
需要新贷款				

产能预估：

		1 季度	2 季度	3 季度	4 季度
生产线 1	产品：				
生产线 2	产品：				
生产线 3	产品：				
生产线 4	产品：				
生产线 5	产品：				
生产线 6	产品：				
生产线 7	产品：				
生产线 8	产品：				

生产计划与物料需求计划：

产品：　　　　　　　　　　　生产线类型：

项目	去年				今年			
	1 季度	2 季度	3 季度	4 季度	1 季度	2 季度	3 季度	4 季度
产出计划								
投产计划								
原材料需求								
原材料采购								

产品：　　　　　　　　　　　生产线类型：

项目	去年				今年			
	1 季度	2 季度	3 季度	4 季度	1 季度	2 季度	3 季度	4 季度
产出计划								
投产计划								
原材料需求								
原材料采购								

产品：　　　　　　　　　　　生产线类型：

项目	去年				今年			
	1 季度	2 季度	3 季度	4 季度	1 季度	2 季度	3 季度	4 季度
产出计划								
投产计划								
原材料需求								
原材料采购								

产品：　　　　　　　　　　　　生产线类型：

项目	去年				今年			
	1季度	2季度	3季度	4季度	1季度	2季度	3季度	4季度
产出计划								
投产计划								
原材料需求								
原材料采购								

产品：　　　　　　　　　　　　生产线类型：

项目	去年				今年			
	1季度	2季度	3季度	4季度	1季度	2季度	3季度	4季度
产出计划								
投产计划								
原材料需求								
原材料采购								

采购计划汇总：

原材料	1季度	2季度	3季度	4季度
M1				
M2				
M3				
M4				

任 务 清 单

年初：（根据提示，完成部分打勾）

（1）支付应付税（根据上年度结果）　□

（2）支付广告费　　　　　　　□

（3）登记销售订单　　　　　　□

	一季度	二季度	三季度	四季度
每个季度：				
（1）申请短期贷款/更新短期贷款/还本付息	□	□	□	□
（2）更新应付款/归还应付款	□	□	□	□
（3）更新原料订单/原材料入库	□	□	□	□
（4）下原料订单	□	□	□	□
（5）更新生产/完工入库	□	□	□	□
（6）投资新生产线/生产线改造/变卖生产线	□	□	□	□
（7）开始下一批生产	□	□	□	□
（8）产品研发投资	□	□	□	□
（9）更新应收款/应收款收现	□	□	□	□
（10）按订单交货	□	□	□	□
（11）支付行政管理费用	□	□	□	□

年末：

（1）申请长期贷款/更新长期贷款/支付利息　　□

（2）支付设备维护费　　　　　　　　　　　　□

（3）支付租金（或购买建筑）　　　　　　　　□

（4）折旧　　　　　　　　　　　　　　　　　□

（5）新市场开拓投资 /ISO 资格认证投资　　　□

（6）关账　　　　　　　　　　　　　　　　　□

第五年销售订单

项目	1	2	3	4	5	6	合计
市场							
产品名称							
账期							
交货期							

续表

项目	1	2	3	4	5	6	合计
单价							
订单数量							
订单销售额							
成本							
毛利							

第五年的现金流量表

项目	1	2	3	4
应收款到期（+）				
变卖生产线（+）				
变卖原料/产品（+）				
变卖厂房（+）				
短期贷款（+）				
高利贷贷款（+）				
长期贷款（+）				
收入总计				
支付上年应交税				
广告费				
贴现费用				
归还短贷及利息				
归还高利贷及利息				
原料采购支付现金				
成品采购支付现金				
设备改造费				
生产线投资				
加工费用				

续表

项目	1	2	3	4
产品研发				
行政管理费				
长期贷款及利息				
设备维护费				
租金				
购买新建筑				
市场开拓投资				
ISO 认证投资				
其他				
支出总计				
现金余额				

第五年的财务报表

资产负债表　　　　　　　　　　　　单位：百万元

资产	年初数	期末数	负债及所有者权益	年初数	期末数
流动资产：			负债：		
现金			短期负债		
应收账款			应付账款		
原材料			应交税金		
产成品			长期负债		
在制品					
流动资产合计			负债合计		
固定资产：			所有者权益：		
土地建筑原价			股东资本		
机器设备净值			以前年度利润		
在建工程			当年净利润		
固定资产合计			所有者权益合计		
资产总计			负债及所有者权益总计		

综合管理费用明细表　　　　　　　　　　单位：百万元

项　　目	金　　额
行政管理费	
广告费	
设备维护费	
设备改造费	
租金	
产品研发	
市场开拓	
ISO 认证	
其他	
合计	

损　益　表　　　　　　　　　　单位：百万元

项目	去年	今年
一、销售收入		
减：成本		
二、毛利		
减：综合费用		
折旧		
财务净损益		
三、营业利润		
加：营业外净收益		
四、利润总额		
减：所得税		
五、净利润		

ABC 成本计算

	Beryl	Crystal
直接成本		
折旧（当年）		
工厂租金		
行政管理费用		
营销和销售费用		
资本成本（20%）		
ABC 成本 4 批　=		
销售额		
ABC 成本　　　－		
年收益　　　　=		

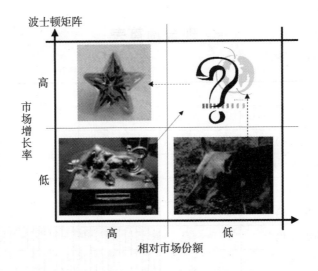

第 六 年

重 要 决 策

一季度	二季度	三季度	四季度	年底

现金预算表

项目	1	2	3	4
期初现金（+）				
变卖生产线（+）				
变卖原料/产品（+）				
变卖厂房（+）				
应收款到期（+）				
支付上年应交税				
广告费投入				
贴现费用				
利息（短期贷款）				
支付到期短期贷款				
原料采购支付现金				

续表

项目	1	2	3	4
设备改造费				
生产线投资				
生产费用				
产品研发投资				
支付行政管理费用				
利息（长期贷款）				
支付到期长期贷款				
设备维护费费用				
租金				
购买新建筑				
市场开拓投资				
ISO 认证投资				
其他				
现金余额				
需要新贷款				

产能预估：

		1 季度	2 季度	3 季度	4 季度
生产线 1	产品：				
生产线 2	产品：				
生产线 3	产品：				
生产线 4	产品：				
生产线 5	产品：				
生产线 6	产品：				
生产线 7	产品：				
生产线 8	产品：				

生产计划与物料需求计划：

产品：　　　　　　　　　　　　　生产线类型：

项目	去年				今年			
	1季度	2季度	3季度	4季度	1季度	2季度	3季度	4季度
产出计划								
投产计划								
原材料需求								
原材料采购								

产品：　　　　　　　　　　　　　生产线类型：

项目	去年				今年			
	1季度	2季度	3季度	4季度	1季度	2季度	3季度	4季度
产出计划								
投产计划								
原材料需求								
原材料采购								

产品：　　　　　　　　　　　　　生产线类型：

项目	去年				今年			
	1季度	2季度	3季度	4季度	1季度	2季度	3季度	4季度
产出计划								
投产计划								
原材料需求								
原材料采购								

产品： 生产线类型：

项目	去年				今年			
	1 季度	2 季度	3 季度	4 季度	1 季度	2 季度	3 季度	4 季度
产出计划								
投产计划								
原材料需求								
原材料采购								

产品： 生产线类型：

项目	去年				今年			
	1 季度	2 季度	3 季度	4 季度	1 季度	2 季度	3 季度	4 季度
产出计划								
投产计划								
原材料需求								
原材料采购								

采购计划汇总：

原材料	1 季度	2 季度	3 季度	4 季度
M1				
M2				
M3				
M4				

任 务 清 单

年初：（根据提示，完成部分打勾）

（1）支付应付税（根据上年度结果） □

（2）支付广告费 □

（3）登记销售订单 □

每个季度：	一季度	二季度	三季度	四季度
（1）申请短期贷款/更新短期贷款/还本付息	□	□	□	□
（2）更新应付款/归还应付款	□	□	□	□
（3）更新原料订单/原材料入库	□	□	□	□
（4）下原料订单	□	□	□	□
（5）更新生产/完工入库	□	□	□	□
（6）投资新生产线/生产线改造/变卖生产线	□	□	□	□
（7）开始下一批生产	□	□	□	□
（8）产品研发投资	□	□	□	□
（9）更新应收款/应收款收现	□	□	□	□
（10）按订单交货	□	□	□	□
（11）支付行政管理费用	□	□	□	□

年末：

（1）申请长期贷款/更新长期贷款/支付利息 □

（2）支付设备维护费 □

（3）支付租金（或购买建筑） □

（4）折旧 □

（5）新市场开拓投资 /ISO 资格认证投资 □

（6）关账 □

第六年销售订单

项目	1	2	3	4	5	6	合计
市场							
产品名称							
账期							
交货期							

续表

项目	1	2	3	4	5	6	合计
单价							
订单数量							
订单销售额							
成本							
毛利							

第六年的现金流量表

项目	1	2	3	4
应收款到期（+）				
变卖生产线（+）				
变卖原料/产品（+）				
变卖厂房（+）				
短期贷款（+）				
高利贷贷款（+）				
长期贷款（+）				
收入总计				
支付上年应交税				
广告费				
贴现费用				
归还短贷及利息				
归还高利贷及利息				
原料采购支付现金				
成品采购支付现金				
设备改造费				
生产线投资				
加工费用				

项目	1	2	3	4
产品研发				
行政管理费				
长期贷款及利息				
设备维护费				
租金				
购买新建筑				
市场开拓投资				
ISO认证投资				
其他				
支出总计				
现金余额				

第六年的财务报表

资产负债表　　　　　　　　　　　　　　　　单位：百万元

资产	年初数	期末数	负债及所有者权益	年初数	期末数
流动资产：			负债：		
现金			短期负债		
应收账款			应付账款		
原材料			应交税金		
产成品			长期负债		
在制品					
流动资产合计			负债合计		
固定资产：			所有者权益：		
土地建筑原价			股东资本		
机器设备净值			以前年度利润		
在建工程			当年净利润		

续表

资产	年初数	期末数	负债及所有者权益	年初数	期末数
固定资产合计			所有者权益合计		
资产总计			负债及所有者权益总计		

综合管理费用明细表　　　　　单位：百万元

项　目	金　额
行政管理费	
广告费	
设备维护费	
设备改造费	
租金	
产品研发	
市场开拓	
ISO 认证	
其他	
合计	

利　润　表　　　　　单位：百万元

项目	去年	今年
一、销售收入		
减：成本		
二、毛利		
减：综合费用		
折旧		
财务净损益		
三、营业利润		
加：营业外净收益		

续表

项目	去年	今年
四、利润总额		
减：所得税		
五、净利润		

经济附加值的计算

步骤1：股东的期望 15%

步骤2：利率：　债务利率 10%

步骤3：确定资本的平均成本率

股本 12000×15%＝1800（万元）

负债 8000×10%＝800 万元

总计：　　　20000 万元　　　2600 万元

成本率：26/200＝13%

步骤4：已用资本：包括所使用的资产（20000 万元），以及其他投资（如营销、产品研发、培训费用共 2000 万元），则：200+20＝22000 万元

步骤5：资本成本：13%×22000 万＝2900 万元

步骤6：经济附加值：年净利润－资本成本＝3800－2900＝900 万元

计算你公司的经济附加值：

股东的期望 15%

第 七 年

重 要 决 策

一季度	二季度	三季度	四季度	年底

现金预算表

项目	1	2	3	4
期初现金（+）				
变卖生产线（+）				
变卖原料/产品（+）				
变卖厂房（+）				
应收款到期（+）				
支付上年应交税				
广告费投入				
贴现费用				
利息（短期贷款）				
支付到期短期贷款				
原料采购支付现金				

续表

项目	1	2	3	4
设备改造费				
生产线投资				
生产费用				
产品研发投资				
支付行政管理费用				
利息（长期贷款）				
支付到期长期贷款				
设备维护费费用				
租金				
购买新建筑				
市场开拓投资				
ISO 认证投资				
其他				
现金余额				
需要新贷款				

产能预估：

		1 季度	2 季度	3 季度	4 季度
生产线 1	产品：				
生产线 2	产品：				
生产线 3	产品：				
生产线 4	产品：				
生产线 5	产品：				
生产线 6	产品：				
生产线 7	产品：				
生产线 8	产品：				

生产计划与物料需求计划：

产品：　　　　　　　　　　　　　　　生产线类型：

项目	去年				今年			
	1季度	2季度	3季度	4季度	1季度	2季度	3季度	4季度
产出计划								
投产计划								
原材料需求								
原材料采购								

产品：　　　　　　　　　　　　　　　生产线类型：

项目	去年				今年			
	1季度	2季度	3季度	4季度	1季度	2季度	3季度	4季度
产出计划								
投产计划								
原材料需求								
原材料采购								

产品：　　　　　　　　　　　　　　　生产线类型：

项目	去年				今年			
	1季度	2季度	3季度	4季度	1季度	2季度	3季度	4季度
产出计划								
投产计划								
原材料需求								
原材料采购								

产品：　　　　　　　　　　　　生产线类型：

项目	去年				今年			
	1 季度	2 季度	3 季度	4 季度	1 季度	2 季度	3 季度	4 季度
产出计划								
投产计划								
原材料需求								
原材料采购								

产品：　　　　　　　　　　　　生产线类型：

项目	去年				今年			
	1 季度	2 季度	3 季度	4 季度	1 季度	2 季度	3 季度	4 季度
产出计划								
投产计划								
原材料需求								
原材料采购								

采购计划汇总：

原材料	1 季度	2 季度	3 季度	4 季度
M1				
M2				
M3				
M4				

任 务 清 单

年初：（根据提示，完成部分打勾）

（1）支付应付税（根据上年度结果）　　□

（2）支付广告费　　　　　　　　☐

（3）登记销售订单　　　　　　　☐

每个季度：	一季度	二季度	三季度	四季度
（1）申请短期贷款/更新短期贷款/还本付息	☐	☐	☐	☐
（2）更新应付款/归还应付款	☐	☐	☐	☐
（3）更新原料订单/原材料入库	☐	☐	☐	☐
（4）下原料订单	☐	☐	☐	☐
（5）更新生产/完工入库	☐	☐	☐	☐
（6）投资新生产线/生产线改造/变卖生产线	☐	☐	☐	☐
（7）开始下一批生产	☐	☐	☐	☐
（8）产品研发投资	☐	☐	☐	☐
（9）更新应收款/应收款收现	☐	☐	☐	☐
（10）按订单交货	☐	☐	☐	☐
（11）支付行政管理费用	☐	☐	☐	☐

年末：

（1）申请长期贷款/更新长期贷款/支付利息　☐

（2）支付设备维护费　　　　　　　　　　☐

（3）支付租金（或购买建筑）　　　　　　☐

（4）折旧　　　　　　　　　　　　　　　☐

（5）新市场开拓投资 /ISO 资格认证投资　☐

（6）关账　　　　　　　　　　　　　　　☐

第七年销售订单

项目	1	2	3	4	5	6	合计
市场							
产品名称							
账期							
交货期							

续表

项目	1	2	3	4	5	6	合计
单价							
订单数量							
订单销售额							
成本							
毛利							

第七年的现金流量表

项目	1	2	3	4
应收款到期（+）				
变卖生产线（+）				
变卖原料/产品（+）				
变卖厂房（+）				
短期贷款（+）				
高利贷贷款（+）				
长期贷款（+）				
收入总计				
支付上年应交税				
广告费				
贴现费用				
归还短贷及利息				
归还高利贷及利息				
原料采购支付现金				
成品采购支付现金				
设备改造费				
生产线投资				
加工费用				

续表

项目	1	2	3	4
产品研发				
行政管理费				
长期贷款及利息				
设备维护费				
租金				
购买新建筑				
市场开拓投资				
ISO 认证投资				
其他				
支出总计				
现金余额				

第七年的财务报表

资产负债表   单位：百万元

资产	年初数	期末数	负债及所有者权益	年初数	期末数
流动资产：			负债：		
现金			短期负债		
应收账款			应付账款		
原材料			应交税金		
产成品			长期负债		
在制品					
流动资产合计			负债合计		
固定资产：			所有者权益：		
土地建筑原价			股东资本		
机器设备净值			以前年度利润		
在建工程			当年净利润		

续表

资产	年初数	期末数	负债及所有者权益	年初数	期末数
固定资产合计			所有者权益合计		
资产总计			负债及所有者权益总计		

综合管理费用明细表　　　　　单位：百万元

项　目	金　额
行政管理费	
广告费	
设备维护费	
设备改造费	
租金	
产品研发	
市场开拓	
ISO 认证	
其他	
合计	

利　润　表　　　　　单位：百万元

项目	去年	今年
一、销售收入		
减：成本		
二、毛利		
减：综合费用		
折旧		
财务净损益		
三、营业利润		
加：营业外净收益		

续表

项目	去年	今年
四、利润总额		
减：所得税		
五、净利润		

生产能力参考图：

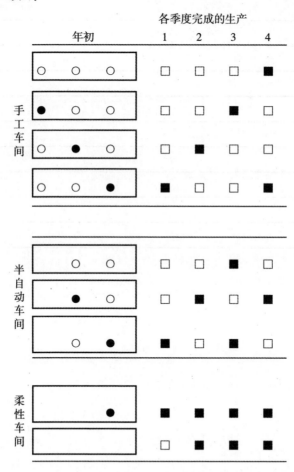

小组总结与个人体会（要求 1500 字以上）：

参 考 文 献

［1］张驰，王家亮．ERP 沙盘模拟实验教材［M］．杭州：浙江大学出版社，2016．

［2］刘洁，闻沛辰．ERP 沙盘模拟实训教程［M］．南京：南京大学出版社，2019．

［3］王海林，张玉祥．Excel 财务管理建模与应用［M］．北京：电子工业出版社，2020．

［4］张雅伦，高小辉．企业经营管理模拟实训指导教程（沙盘操作）［M］．成都：西南财经大学出版社，2011．

［5］徐峰．沙盘模拟实验指导书［M］．南京：南京大学出版社，2011．

［6］王建民．生产运作管理［M］．北京：北京大学出版社，2007．